Fälle
Familienrecht

2019

Dr. Franz-Thomas Roßmann
Rechtsanwalt und Fachanwalt für Familienrecht

ALPMANN UND SCHMIDT Juristische Lehrgänge Verlagsges. mbH & Co. KG
48143 Münster, Alter Fischmarkt 8, 48001 Postfach 1169, Telefon (0251) 98109-0
AS-Online: www.alpmann-schmidt.de

Dr. Roßmann, Franz-Thomas
Fälle
Familienrecht
5. Auflage 2019
ISBN: 978-3-86752-658-6

Verlag Alpmann und Schmidt Juristische Lehrgänge
Verlagsgesellschaft mbH & Co. KG, Münster

Benutzerhinweise

Die Reihe „Fälle" ermöglicht sowohl den Einstieg als auch die Wiederholung des jeweiligen Rechtsgebiets **anhand von Klausurfällen.** Denn unser Gehirn kann **konkrete Sachverhalte** besser speichern als abstrakte Formeln. Während des Studiums besteht die Gefahr, dass man zu abstrakt lernt, sich verzettelt und letztlich gänzlich den Überblick über das wirklich Wichtige verliert.

Ferner erfordern Prüfungsaufgaben regelmäßig das Lösen von konkreten Fällen. Hier muss dann der Kandidat beweisen, dass er das Erlernte auf den konkreten Fall anwenden kann und die spezifischen Probleme des Falles entdeckt. Außerdem muss er zeigen, dass er die richtige Mischung zwischen Gutachten- und Urteilsstil beherrscht und an den Problemstellen überzeugend argumentieren kann. Diese Fähigkeiten vermittelt Ihnen unser „Basiswissen **Methodik der Fallbearbeitung** – Wie schreibe ich eine Klausur?".

Nutzen Sie die jahrzehntelange Erfahrung unseres Repetitoriums. Seit mehr als 60 Jahren wenden wir konsequent die Fallmethode an. Denn ein **prüfungsorientiertes Lernen** muss „hart am Fall" ansetzen. Schließlich sollen Sie keine Aufsätze oder Dissertationen schreiben, sondern eine überzeugende Lösung des konkret gestellten Falles abgeben. Da wir nicht nur Skripten herausgeben, sondern auch in mündlichen Kursen Studierende ausbilden, wissen wir aus der täglichen Praxis, „wo der Schuh drückt".

Die Lösung der „Fälle" ist kompakt und vermeidet – so wie es in einer Klausurlösung auch sein soll – überflüssigen, dogmatischen „Ballast". Die Lösungen sind komplett **durchgegliedert** und im **Gutachtenstil** ausformuliert, wobei die unproblematischen Stellen unter Beachtung des Urteilsstils kurz ausfallen – so wie es gute Klausurlösungen erfordern.

Beispiele für die Gewichtung der **Punktvergabe** in einer Semesterabschlussklausur finden Sie hier:

bit.ly/2KQle2q

bit.ly/2mflRUJ

bit.ly/2zAPrys

Wir vermitteln in der Reihe „Fälle" die Wissensanwendung. Sie **ersetzt nicht die Erarbeitung der gesamten Rechtsmaterie** und ihrer Struktur. Übergreifende Aufbauschemata finden Sie in unseren „Aufbauschemata". Ferner empfehlen wir Ihnen unser „Basiswissen" für den erfolgreichen Start ins jeweilige Rechtsgebiet: verständlich dargestellt und durch zahlreiche Beispiele, Übersichten und Aufbauschemata anschaulich vermittelt. Eine darauf aufbauende Darstellung des Stoffes auf Examensniveau liefern unsere „Skripten". Sofern die RÜ zitiert wird, handelt es sich um unsere Zeitschrift „RechtsprechungsÜbersicht", in der monatlich aktuelle, examensverdächtige Fälle gutachterlich gelöst erscheinen.

Viel Erfolg!

INHALTSVERZEICHNIS

1. Teil: Verlöbnis

Fall 1: Darum prüfe, wer sich ewig bindet, ...

Die 17-jährige Claudia (C) lernt auf einem fränkischen Weinfest den 29-jährigen Peter (P) kennen. Nach einem gemeinsamen Urlaub wollen die beiden sich verloben. Die Eltern der C sind einverstanden und erlauben auch, dass C in die Mietwohnung von P zieht. Nachdem C in dieser Wohnung mehrfach „verdächtige" Anrufe entgegengenommen hat, stellt sie P zur Rede. P war, wie sich nun herausstellt, bereits zweimal verheiratet und hat einen Sohn. C löst sofort die Verlobung, packt ihre Sachen und kehrt zu ihren Eltern zurück.

C verlangt nunmehr von P 2.500 € für die bereits von ihr gebuchte Hochzeitsreise sowie 500 €, die sie als Mietanteil für die gemeinsam bewohnte Wohnung ausgegeben hat.

P verlangt seinerseits 1.280 €, die er für eine Zahnbehandlung von C bezahlt hat. Diesen Betrag müsse C nunmehr nach Auflösung der Verlobung ersetzen. Die von C gebuchte Hochzeitsreise hält er für unangemessen, d.h. insbesondere viel zu teuer.

Wie ist die Rechtslage?

A. Ansprüche der C gegen P

I. Die Kosten der Hochzeitsreise i.H.v. 2.500 € könnten sich aus **§§ 1299 i.V.m. 1298 Abs. 1**[1] herleiten lassen.

Es müssten die Voraussetzungen der o.a. Anspruchsgrundlage vorliegen, d.h. C müsste aus wichtigem Grund von einem Verlöbnis mit P zurückgetreten sein. Dies ist nunmehr zu prüfen.

Das „Verlöbnis" ist rechtlich betrachtet „weder Fisch noch Fleisch". Die rechtliche Beziehung geht zwar über die Unverbindlichkeit einer bloßen Freundschaft hinaus, die Wirkungen einer Ehe werden aber nicht annähernd erreicht.

1. Unter **„Verlöbnis"** i.S.d. § 1297 Abs. 1 versteht man zum einen das gegenseitig gegebene Versprechen künftiger Eheschließung, zum anderen das durch dieses Versprechen begründete familienrechtliche Verhältnis. Die Voraussetzungen für die Wirksamkeit hängen von der **Theorie** über das Wesen des Verlöbnisses ab.

a) Das Verlöbnis ist nach h.M. ein Vertrag (sog. **Vertragstheorie)**, der auf Eingehung der Ehe gerichtet ist und auf den grundsätzlich die allgemeinen Vorschriften über Rechtsgeschäfte anwendbar sind.[2] Ein Minderjähriger bedarf danach zur Verlobung der Einwilligung seiner gesetzlichen Vertreter, § 107. Fehlt diese, hängt die Wirksamkeit der schwebend unwirksamen Verlobung von der Genehmigung der gesetzlichen Vertreter ab, § 108 Abs. 1. Es gelten die §§ 116, 117, 118, 134, 138, z.B. Nichtigkeit wegen Verstoßes gegen die guten Sitten bei Verlobung eines noch Verheirateten oder schon Verlobten. Wegen der höchstpersönlichen Natur des Verlöbnisses sind allerdings die Regeln über die Stellvertretung (§§ 164 ff.) unanwendbar.

1 §§ ohne Gesetzesangabe sind solche des BGB.
2 Palandt/Brudermüller Einf. v. § 1297 Rn. 1.

b) Nach anderer Auffassung ist das Verlöbnis ist ein Vertrag sui generis (sog. **Lehre vom familienrechtlichen Vertrag eigener Art)**, auf den die Vorschriften des Allgemeinen Teils über Rechtsgeschäfte nur in vorsichtiger Analogie angewendet werden können. Für ein wirksames Verlöbnis genügt die Einsichtsfähigkeit des Minderjährigen.

c) Schließlich wird die Meinung vertreten, dass das Verlöbnis ein eigenständiges, vom Willen der Parteien unabhängiges gesetzliches Schuldverhältnis ist und als ein Fall der Haftung für begründetes Vertrauen eingeordnet werden muss (sog. **Vertrauenshaftungslehre)**.

Klausurtipp:
Die Darstellung eines Meinungsstreits bringt in Klausuren Punkte. Eine breite Erörterung ist aber nur erforderlich, wenn sich die Meinungen auch auswirken.

d) Vorzugswürdig ist die Vertragstheorie, da nur sie den Minderjährigenschutz konsequent berücksichtigt; im Übrigen wird auch den familienrechtlichen Besonderheiten ausreichend Rechnung getragen. Letztlich ist eine Stellungnahme aber auch entbehrlich, da alle Meinungen ein wirksames Verlöbnis im vorliegenden Fall annehmen. Dies gilt auch für die Vertragstheorie, da die Eltern der C dem Verlöbnis zugestimmt haben.

2. Fraglich ist, ob ein **Rücktritt vom Verlöbnis aus wichtigem Grund** vorliegt.

a) C hat den Rücktritt vom Verlöbnis erklärt. Da ein Zwang zur Eheschließung unzulässig ist (§ 1297 Abs. 1), darf der Minderjährige nicht gegen seinen Willen an das Verlöbnis gebunden bleiben. Folglich konnte C ohne Einwilligung ihrer Eltern wirksam vom Verlöbnis zurücktreten.

b) P hat C verschwiegen, dass er bereits zweimal verheiratet war und auch einen Sohn hat. Dies ist ein schwerwiegender Vertrauensbruch, aber auch eine Tatsache, die den zurücktretenden Verlobten von der Eingehung des Verlöbnisses abgehalten hätte, also ein **wichtiger Grund i.S.d. § 1298 Abs. 3**. P handelte auch schuldhaft, da er verpflichtet war, C vor Eingehung des Verlöbnisses „sein Vorleben" zu offenbaren.

3. Gegen den Verlobten, der schuldhaft den wichtigen Grund für den Rücktritt des anderen gesetzt hat, besteht zum einen ein **Ersatzanspruch wegen bestimmter Aufwendungen**, die in Erwartung der Ehe erfolgten (§ 1298 Abs. 1 S. 1), oder wegen der Eingehung derartiger Verbindlichkeiten. Zum anderen kann der andere „schuldlose" Verlobte **Schadensersatz** wegen sonstiger Maßnahmen verlangen, die er in Erwartung der Ehe getroffen hat und die sein Vermögen oder seine Erwerbsstellung betreffen. Der Ersatzanspruch ist auf das negative Interesse gerichtet: Der Verlobte ist so zu stellen, wie er stünde, wenn er dem Eheversprechen nicht vertraut und die Maßnahmen deshalb nicht getroffen hätte.

Konkurrenzen:
Konkurrierende Ansprüche aus dem allg. Leistungsstörungsrecht sowie c.i.c. werden durch die §§ 1298 ff. verdrängt. Daneben können aber noch Ansprüche aus unerlaubter Handlung eingreifen. Da aber der Sachverhalt dafür keine Anhaltspunkte liefert, wird auf eine solche Prüfung verzichtet.

C hat eine Hochzeitsreise für 2.500 € gebucht. Dies geschah in Erwartung der Eheschließung. Eine derartige Reise ist erfahrungsgemäß etwas sehr Besonderes und daher regelmäßig auch nicht ganz billig. Somit ist in Anbetracht der Umstände von „Angemessenheit" i.S.v. § 1298 Abs. 2 auszugehen.

Ergebnis: C kann von P Ersatz ihrer Aufwendungen i.H.v. 2500 € gemäß §§ 1299, 1298 Abs. 1 fordern.

II. Der Anspruch auf Erstattung des Mietkostenanteils (500 €) könnte sich ebenfalls aus **§§ 1299 i.V.m. 1298 Abs. 1** ergeben.

Dann müssten diese Unkosten aber in Erwartung der künftigen Eheschließung getätigt worden sein. Dies ist zweifelhaft, weil diese Kosten auch ohne eine solche Erwartung angefallen wären. Aufwendungen, die bereits zusammenlebende Verlobte für ihren gemeinsamen laufenden Lebensbedarf machen, sind nicht zu berücksichtigen, selbst wenn ohne das Verlöbnis kein Zusammenleben stattgefunden hätte. Solche Aufwendungen erfolgen also im Hinblick auf die aktuelle Lebensgemeinschaft und nicht im Hinblick auf die künftige Eheschließung.

Ergebnis: Ein Anspruch der C gegen P auf Erstattung anteiliger Mietkosten besteht nicht.

B. Ansprüche von P gegen C

I. Umgekehrt ist nunmehr zu prüfen, ob P von C **Ersatz der Zahnbehandlungskosten i.H.v. 1.280 € gemäß §§ 1301 i.V.m. 812 ff.** verlangen kann.

Jeder Verlobte kann von dem anderen Herausgabe der Gegenstände, die er dem anderen geschenkt oder zum Zeichen des Verlöbnisses gegeben hat, nach Bereicherungsrecht verlangen, wenn die Eheschließung unterbleibt, § 1301 S. 1.

II. Die Anspruchsvoraussetzungen der §§ 1301 i.V.m. 812 ff. könnten vorliegen.

1. Das Verlöbnis wurde vorliegend aufgelöst.

2. Fraglich ist, welche Bedeutung der Verweisung des § 1301 auf das Bereicherungsrecht zukommt. Sollte es sich um einen Rechtsgrundverweis handeln, käme eine Anwendung von § 815 in Betracht, sodass ein Anspruch bereits daran scheitern könnte, dass eine Verhinderung des Erfolgseintritts wider Treu und Glauben seitens des P vorliegt.

a) Überwiegend wird § 1301 als ein Unterfall der Störung der Geschäftsgrundlage angesehen. Danach handelt es sich um einen **Rechtsfolgenverweis** (nur auf die §§ 818 ff.), und § 815 ist unanwendbar.

b) Eine andere Meinung begreift § 1301 als einen selbstständigen Bereicherungstatbestand, der eine Ergänzung zur Zweckverfehlungskondiktion darstellen soll. Danach wäre § 815 anwendbar.

Der Meinungsstreit kann freilich dahinstehen, wenn die von P finanzierte Zahnbehandlung ohnehin keine Schenkung i.S.v. § 1301 sein sollte.

Klausurtipp:
Meinungsstreit unbedingt darstellen, aber eine elegante Lösung (die keinem „weh tut") zeugt von Souveränität!

3. Schenkungen i.S.v. § 1301 können alle Zuwendungen sein, die mit der Auflösung des Verlöbnisses ihre Grundlagen verlieren. Unterhaltsbeiträge unter Verlobten sind keine Schenkungen in diesem Sinne. Die Finanzierung der Zahnbehandlung ist aber eine Unterhaltsleistung, die nicht in Erwartung der Ehe, sondern im Hinblick auf das gegenwärtige Zusammenleben erbracht wird.[3]

Ergebnis: Ein Anspruch des P gegen C wegen der gezahlten Zahnbehandlung besteht nicht.

3 BGH FamRZ 2005, 1152.

2. Teil: Wirkungen der Ehe

Fall 2: Die Rivalin in der Ehewohnung

Moritz (M) und Frauke (F) haben im August 2018 geheiratet. Sie leben in einem Reihenhaus in Münster. M, der als Bauarbeiter tätig ist, arbeitet im Juni 2019 auf einer Baustelle in Köln. Dort lernt er Elke (E) kennen (und lieben). Immer häufiger kommt er abends nicht nach Münster zurück, sondern verbringt seine Zeit mit Elke in Köln.

F erfährt davon und fordert M auf, die Beziehung mit E unverzüglich aufzugeben. Welche rechtlichen Möglichkeiten bestehen?

1. Abwandlung:

M möchte E mit nach Münster bringen und zumindest vorerst im Reihenhaus in der vorhandenen Einliegerwohnung aufnehmen. F will sowohl gegen M als auch E vorgehen, um dies zu unterbinden.

2. Abwandlung:

Nachdem E in das Reihenhaus eingezogen ist, muss F sich wegen psychischer Probleme in ärztliche Behandlung begeben. Sie möchte die entstandenen Heilbehandlungskosten i.H.v. 1.600 € von M und E ersetzt haben.

A. Ansprüche der F gegen M

I. Der Anspruch von F gegen M auf Herstellung des ehelichen Lebens könnte sich aus **§ 1353 Abs. 1 S. 2** ergeben.

1. Aus der Verpflichtung des M zur ehelichen Lebensgemeinschaft nach § 1353 Abs. 1 S. 2, die auch eine Verpflichtung zur sexuellen Treue enthält, hat F einen Anspruch auf Unterlassen der ehewidrigen Beziehung.

2. Fraglich ist jedoch, ob sich M demgegenüber auf § 1353 Abs. 2 berufen kann. Vorliegend ist in dem Verlangen der F auf Herstellung der ehelichen Gemeinschaft indes weder ein Missbrauch ihres Rechts zu sehen, noch leben die Ehegatten ein Jahr getrennt, sodass die Scheidungsvoraussetzungen der §§ 1565 ff. ebenfalls nicht gegeben sind.

Ein Anspruch auf Herstellung der ehelichen Lebensgemeinschaft liegt damit vor.

Hinweis:
Es gibt freilich auch den sog. **„negativen Herstellungsantrag"**, d.h. den Antrag auf Feststellung des Rechts zum Getrenntleben. Der Antragsteller muss allerdings ein rechtliches Interesse an einer derartigen Feststellung haben, anderenfalls ist der Antrag unzulässig.

3. F kann ihr Verlangen mit einem **Herstellungsantrag** durchsetzen. Es handelt sich dabei um eine sog. sonstige Familiensache nach § 266 Abs. 1 Nr. 2 FamFG. Der betreffende Beschluss des Familiengerichts ist aber gemäß § 120 Abs. 3 FamFG nicht vollstreckbar.

II. Ein **allgemeiner Unterlassungsanspruch gegen den Ehegatten entsprechend § 1004 Abs. 1 S. 2 i.V.m. § 823 Abs. 1 analog**, der auf Abwehr von Pflichtwidrigkeiten i.S.d. § 1353 gerichtet ist, besteht hingegen nicht. Dagegen spricht schon, dass die Ehe primär **relative Pflichten** unter den Eheleuten begründet. Im Übrigen kommt ein allgemeiner Unterlassungsanspruch nach § 1004 Abs. 1 S. 2 i.V.m. § 823 Abs. 1 analog gegen ehewidriges Verhalten im Ergebnis einem verdeckten Herstellungsanspruch gleich, der entgegen der Wertung nach § 120 Abs. 3 FamFG vollstreckbar wäre.

B. Ansprüche der F gegen E

Nach § 1353 Abs. 1 S. 2 besteht nur ein Anspruch gegen den anderen Ehegatten, nicht aber gegen einen Dritten, wenn dieser die Ehe stört.

1. Abwandlung

A. Ansprüche der F gegen M

I. F könnte gegen den Einzug der E ein **vorbeugender Unterlassungsanspruch aus § 1004 Abs. 1 S. 2 i.V.m. § 823 Abs. 1 analog i.V.m. dem allgemeinen Persönlichkeitsrecht (Art. 2 Abs. 1 GG)** wegen drohender Verletzung des **räumlich-gegenständlichen Bereichs** der Ehe zustehen. Im Unterschied zum rein persönlichen Bereich der Ehe, dessen Beeinträchtigung keine deliktischen Abwehr- und Unterlassungsansprüche begründet, ist nach der Rspr. des BGH anerkannt, dass der räumlich-gegenständliche Bereich der Ehe dem Schutz des allgemeinen Persönlichkeitsrechts unterliegt, sodass zivilrechtlich § 823 Abs. 1 („sonstiges Recht") eingreift. F muss es daher nicht dulden, dass durch den Einzug der E in das bisher von ihr und M als gemeinsame Ehewohnung genutzte Reihenhaus ihr äußerer ehelicher Lebensbereich beeinträchtigt wird.

F hat mithin einen Anspruch aus § 1004 Abs. 1 S. 2 i.V.m. § 823 Abs. 1 analog gegen M, der E den Einzug und das Betreten der Ehewohnung nicht zu gestatten. Ein gerichtlicher Beschluss ist nach § 120 Abs. 1 FamFG i.V.m. § 890 ZPO vollstreckbar.

Wichtig:
§ 823 Abs. 1 setzt die Verletzung **absoluter Rechte bzw. Rechtsgüter** voraus. Dies sind solche, die gegenüber jedermann Geltung beanspruchen. **Relativität** besteht hingegen in erster Linie im Schuldrecht. Die Forderung aus dem Kaufvertrag interessiert nur die jeweiligen Parteien, ansonsten niemanden. Während der persönliche Bereich der Ehe „relativ" wirkt, sieht die h.M. den räumlich-gegenständlichen Bereich der Ehe als absolut geschützt an.

II. Ein Unterlassungsanspruch aus § 862 besteht nicht. Ein solcher besitzrechtlicher Anspruch gegenüber M scheitert an § 866. Ein Streit zwischen Mitbesitzern über die Grenzen des Besitzrechts ist vom Besitzschutz nicht gedeckt.

B. Ansprüche von F gegen E

I. Verletzungen des räumlich-gegenständlichen Bereichs der Ehe können nicht nur gegenüber dem Ehegatten, sondern auch gegenüber dem Dritten abgewehrt werden. Daher steht F gegen E als der ehestörenden Dritten ein Anspruch auf Unterlassen des Einzugs und zukünftigen Betretens der Ehewohnung aus **§ 1004 Abs. 1 S. 2 i.V.m. § 823 Abs. 1 analog** zu. Ein entsprechender Beschluss ist nach § 120 Abs. 1 FamFG i.V.m. § 890 ZPO vollstreckbar.

II. Ein besitzrechtlicher Anspruch aus § 862 gegen E scheitert, weil diese mit Einvernehmen des Mitbesitzers M den Besitz der F stört und daher ein Besitzschutz ebenfalls an § 866 scheitert.

2. Abwandlung

I. Fraglich ist, ob F gegen M ein Anspruch auf **Ersatz der entstandenen Heilbehandlungskosten aus §§ 823 Abs. 1, 249 Abs. 2** zusteht.

1. Nach h.M. kann ein Ehegatte nicht allein aufgrund schuldhafter Verletzung von Ehepflichten nach § 823 Abs. 1 Schadensersatzansprüche gegen den anderen geltend machen, da das eheliche Bestandsinteresse nicht weiter als im Scheidungsrecht vorgesehen geschützt ist.

Klausurtipp:
Hier führt kein Weg an einer Stellungnahme zu dem Meinungsstreit vorbei. Sehr oft sind beide Meinungen gut vertretbar; letztlich sind jetzt Ihre Argumente gefragt.

2. Nach anderer Meinung ist ein Schadensersatzanspruch aus § 823 Abs. 1 gegen den Ehepartner gegeben, wenn durch dessen schuldhaftes Verhalten zugleich ein Rechtsgut des § 823 Abs. 1 verletzt wird. F ist durch die psychischen Probleme ein echter Gesundheitsschaden entstanden. Für diesen kann sie – unterstellt, man folgt dieser Ansicht – von M gemäß § 823 Abs. 1 und § 823 Abs. 2 i.V.m. § 223 StGB Schadensersatz verlangen, wenn er hätte voraussehen müssen, dass sein Verhalten bei seiner Frau zu einem Gesundheitsschaden führen würde.

3. Stellungnahme: Für die h.M. spricht, dass Ehestörungen, die – wie insbesondere ein Ehebruch – unmittelbar die innere Lebens- und Geschlechtsgemeinschaft der Ehegatten berühren, einen innerehelichen Vorgang darstellen, der nicht in den Schutzzweck der deliktischen Haftungstatbestände einbezogen ist.[4]

Ergebnis: Ein Anspruch auf Schadensersatz der F gegen M nach § 823 Abs. 1 ist danach nicht gegeben.

II. Ein Anspruch von F gegen E auf Ersatz der Krankenhauskosten aus §§ 823 Abs. 1, 249 Abs. 2 ist ebenfalls abzulehnen, da die h.M. auch gegen den Dritten, der die Ehe gestört hat, keinen Schadensersatzanspruch aus §§ 823 ff. bejaht.

„Das Verhalten des ungetreuen Ehegatten ist so eng mit dem des Dritten verbunden, dass es nicht angeht, die Ehestörung in eine allein eherechtlich zu beurteilende Verfehlung des ungetreuen Ehegatten und eine Schadensersatzansprüche auslösende unerlaubte Handlung des Dritten aufzuteilen."[5]

---

4 BGH FamRZ 1990, 367, 368.
5 BGHZ 57, 229, 232.

Fall 3: Die Schlüsselgewalt

Emil (E) und Bettina (B) sind seit dem Jahr 2016 verheiratet und leben in München. E hatte im Februar 2018 einen Telefondienstvertrag über einen Festnetzanschluss in der Ehewohnung mit der Telekom (T) geschlossen. Die T stellte ihm für Verbindungen in der Zeit vom Oktober 2018 bis April 2019 insgesamt 1.000 € in Rechnung, die von ihm nicht ausgeglichen wurden. Daher nimmt T die B, die seit Mai 2019 von E getrennt lebt und den Anschluss anstelle ihres Ehemannes übernommen hat, in Anspruch. B hält sich der T gegenüber nicht für verpflichtet, da sie von E bei Vertragsschluss nicht vertreten wurde.

Wie ist die Rechtslage?

Ansprüche der T gegen B

I. Der Zahlungsanspruch der T gegen B könnte sich aus **§ 611 Abs. 1** ergeben.

Ein Dienstvertrag ist zwischen T und B nicht geschlossen worden. Insbesondere konnte E die B bei Vertragsschluss auch nicht verpflichten, da er nicht vertretungsberechtigt war. Aus § 1357 – unterstellt, seine Voraussetzungen würden vorliegen – ergibt sich nämlich keine (gesetzliche) Vertretungsmacht.

II. Eine Verpflichtung der B zur Zahlung des von der T geltend gemachten Betrages kann sich aus **§ 611 Abs. 1 i.V.m. § 1357 Abs. 1 S. 2 (Alt. 2)** ergeben.

Klausurtipp:
§ 1357 ist keine eigenständige Anspruchsgrundlage. Die Vorschrift stellt auch keinen Fall der gesetzlichen Stellvertretung dar, da im Falle einer Stellvertretung nur der andere Ehegatte verpflichtet würde. Vielmehr handelt es sich um einen Fall der **gesetzlichen Mitverpflichtung** des jeweils anderen Ehegatten.

Nach § 1357 Abs. 1 ist jeder Ehegatte berechtigt, Geschäfte zur angemessenen Deckung des Lebensbedarfs der Familie zu besorgen. Durch solche Geschäfte werden beide Ehegatten berechtigt und verpflichtet, es sei denn, dass sich aus den Umständen etwas anderes ergibt. Fraglich ist, ob die Voraussetzungen des § 1357 gegeben sind.

1. E und B waren bei Vertragsschluss **wirksam verheiratet**.

2. Es müsste ein **Geschäft zur angemessenen Deckung des Lebensbedarfs** vorliegen.

Wie weit der (angemessene) Lebensbedarf der Familie reicht, bestimmt sich familienindividuell nach den Verhältnissen der Ehegatten. Da die Einkommens- und Vermögensverhältnisse dem Vertragspartner allerdings häufig verborgen bleiben, ist entscheidend auf den Lebenszuschnitt der Familie abzustellen, wie er nach außen in Erscheinung tritt. Fraglich ist, ob nach diesen Maßstäben der Abschluss eines Telefondienstvertrages für einen in der Familienwohnung befindlichen Festnetzanschluss als ein Geschäft zur angemessenen Deckung des Lebensbedarfs angesehen werden kann.

a) Die Versorgung der Familie mit einem Telefonanschluss ist unter Berücksichtigung der heutigen Lebensverhältnisse ein anerkanntes Grundbedürfnis. Der Bezug zur familiären Konsumgemeinschaft ergibt sich aus der jederzeitigen Verfügbarkeit eines solchen Anschlusses für die Familienmitglieder. Daher gehören auch Telefondienstverträge, die einen stationären Festnetzanschluss in der Ehewohnung betreffen, zur „Bedarfsdeckung der

Familie". Auch die zunehmende Verbreitung von Mobiltelefonen, die weitgehend den Bedürfnissen des individuellen Benutzers dienen mögen, bedeutet nicht, dass der Festnetzanschluss in der Ehewohnung nicht mehr der **angemessenen Deckung des Lebensbedarfs der Familie** zugerechnet werden könnte.

b) Das Geschäft müsste im Übrigen auch **wirtschaftlich angemessen** gewesen sein. Dies ist im Hinblick auf den hohen Betrag der Telefongebühren problematisch.

aa) Entscheidender Ausgangspunkt für die Beurteilung der Angemessenheit sind die wirtschaftlichen Lebensverhältnisse der konkreten Ehegatten. Zu berücksichtigen ist nämlich, dass die Regelung des § 1357 in das Unterhaltsrecht zusammenlebender Eheleute (§§ 1360, 1360 a) und damit in deren Lebenszuschnitt eingebunden ist. Allerdings ist nicht maßgeblich, ob sie sich das Geschäft tatsächlich objektiv leisten konnten, da dies aus der Sicht des Vertragspartners vielfach nicht überprüfbar ist. Entscheidend ist vielmehr der Empfängerhorizont, d.h. der sog. äußere Lebenszuschnitt dieser Ehegatten.

bb) Die vorliegende Rechnungshöhe kann die Annahme nahelegen, dass die angemessene Bedarfsdeckung in dem abgerechneten Zeitraum überschritten ist. Üblicherweise wird die Frage, ob ein Geschäft der angemessenen Deckung des Lebensbedarfs dient, im Zeitpunkt des Vertragsschlusses zu beantworten sein. Dies gilt im Grundsatz auch für Dauerschuldverhältnisse, mit denen ein immer wiederkehrender Bedarf gedeckt werden soll. Beim Telefondienstvertrag lässt sich der Bedarf hingegen von vornherein nur schwer abschätzen; vielfach wird er – etwa wegen Veränderungen in der persönlichen Lebenssituation – auch erheblichen Änderungen und Schwankungen unterliegen. Die Umstände, die dazu führen, treten regelmäßig nicht nach außen und gehen den Vertragspartner auch nichts an. Sichtbar wird für diesen nur das Ausmaß der tatsächlichen Inanspruchnahme während der Laufzeit des Vertrages, wobei sich aus der Zahlung der Rechnungsentgelte indiziell für ihn ergibt, in welchem Umfang die Ehegatten Mittel für diese Bedarfsposition als angemessen ansehen. In diesem Umfang und Rahmen, der – auch erhebliche – Änderungen des Ausgabeverhaltens einschließen kann, ist eine Mitverpflichtung des Ehegatten nach § 1357 für einen Festnetzanschluss in der Ehewohnung ohne Weiteres gegeben.

Klausurtipp:
Nach h.M. entfaltet § 1357 allerdings keine dingliche Wirkung; es entsteht also kein **automatisches** Miteigentum der Eheleute nach § 1008 durch derartige Geschäfte. Jedoch kann beim Erwerb von Hausrat im Zweifel die Einigungserklärung des handelnden Ehegatten nach § 929 so ausgelegt werden, dass beide Ehegatten Eigentümer werden wollen.

3. § 1357 erfasst nur solche Geschäfte, über deren Abschluss vor ihrer Eingehung eine Verständigung zwischen den Ehegatten als nicht notwendig angesehen wird und über die in der Regel auch keine vorherige Abstimmung stattfindet. Ein Telefonanschluss ist in der heutigen Zeit keine so „große" bzw. „weitreichende" Entscheidung, sodass eine Abstimmung der Eheleute bei Vertragsschluss nicht erforderlich ist.

Somit liegen die Voraussetzungen einer gesetzlichen Mitverpflichtung der B nach § 1357 Abs. 1 vor.

4. Zu prüfen ist, ob **Ausschlussgründe zur Mithaftung** gegeben sind.

a) Eine Mitverpflichtung nach § 1357 Abs. 1 ist nicht gegeben, wenn die Eheleute zum Zeitpunkt des Vertragsschlusses bereits **getrennt leben, § 1357 Abs. 3**. Der Umstand, dass sich die Ehegatten später getrennt haben, ist auf die zunächst einmal begründete Mithaftung allerdings ohne Einfluss.

b) Die Mithaftung ist auch nicht gemäß **§ 1357 Abs. 2 i.V.m. § 1412** ausgeschlossen. Zwar ist die Vorschrift des § 1357 abdingbar; zur Wirksamkeit gegenüber gutgläubigen Dritten bedarf es aber der Eintragung ins Güterrechtsregister (vgl. §§ 1558 ff.). Ansonsten ist die positive Kenntnis des Vertragspartners erforderlich.

c) Eine Mithaftung kann schließlich noch daran scheitern, dass **anderweitige Umstände i.S.v. § 1357 Abs. 1 S. 2 Hs. 2** vorlagen.

aa) „Andere Umstände" sind etwa dann gegeben, wenn mit dem Vertragspartner ausdrücklich eine Alleinhaftung vereinbart wurde.

bb) „Andere Umstände" sind auch dann gegeben, wenn erkennbar (konkludent) eine Alleinverpflichtung des Vertragschließenden gewollt war.

Derartige anderweitige Umstände waren hier für den Vertragspartner T nicht ersichtlich (Empfängerhorizont).

Ergebnis: B ist zur Zahlung des offenen Rechnungsbetrages verpflichtet.

Fall 4: Die aufwendige Haushaltsführung

Manfred (M), der mit Anna (A) seit einem Jahr verheiratet ist, betreibt in Freiburg einen Friseursalon. M möchte, dass A, die vor der Eheschließung als Friseurin tätig war, in seinem Salon mitarbeitet. Dies sei ihr zumindest solange zumutbar, wie aus der Ehe noch keine Kinder hervorgegangen sind. A lehnt dies jedoch ab, da sie mit dem Haushalt schon genug zu tun habe.

Wie ist die Rechtslage?

1. Abwandlung:

Kurz vor Weihnachten erkranken zwei Mitarbeiterinnen. M bemüht sich erfolglos darum, eine Aushilfe zu finden. Ist A in diesem Fall verpflichtet, im Geschäft des M übergangsweise einzuspringen?

2. Abwandlung:

A und M einigen sich nunmehr darauf, dass A allein für den Haushalt zuständig ist und M das Friseurgeschäft leitet. A wird bei einem Verkehrsunfall, der allein von X verschuldet ist, verletzt und kann ihrer Verpflichtung zur Haushaltsführung zwei Monate nicht nachkommen. Die eingestellte Ersatzkraft für den Haushalt erhält monatlich 1.000 € Vergütung.

Kann A Ersatz der Kosten von 2.000 € von X verlangen?

Anspruch des M gegen A auf Mitarbeit im Friseursalon

I. Ein Anspruch auf Mitarbeit von A im Friseursalon von M könnte sich aus den die Ausgestaltung der ehelichen Lebensgemeinschaft regelnden **§§ 1356 Abs. 2, 1353 Abs. 1 S. 2** ergeben.

Die Frage der Erwerbstätigkeit und der Regelung der Haushaltsführung ist jedoch ausschließlich der freien Entscheidung der Ehegatten überlassen, d.h. jeder Ehegatte kann über seine Erwerbstätigkeit selbst bestimmen (§ 1356 Abs. 2 S. 1). Eine auf längere Dauer angelegte Mitarbeitspflicht eines der Ehegatten im Erwerbsgeschäft des anderen lässt sich aus den §§ 1356 Abs. 2, 1353 Abs. 1 S. 2 daher grundsätzlich nicht herleiten.

Ergebnis: Ein solcher Anspruch von M aus §§ 1356 Abs. 2, 1353 Abs. 1 S. 2 ist somit nicht gegeben.

II. M könnte ein Anspruch auf Mitarbeit der A aus ihrer Verpflichtung zur Sicherung des Familienunterhalts gemäß **§ 1360** zustehen.

Doch trifft § 1360 keine Regelung darüber, in welcher Form die Unterhaltsleistung von den Ehegatten geschuldet ist. Nach § 1360 S. 2 wird vielmehr vermutet („in der Regel"), dass der den Haushalt führende Ehegatte hierdurch seine Unterhaltspflichten erfüllt. Ein Unterhaltsanspruch auf Mitarbeit ist danach lediglich dann denkbar, wenn in finanziellen Notlagen eine Pflicht des haushaltsführenden Ehegatten zur Aufnahme einer Erwerbstätigkeit entsteht und diese nach den Umständen nur im Geschäft des Ehegatten erfüllt werden kann. Vorliegend sind solche Umstände nicht ersichtlich. A erbringt ihren Unterhaltsbeitrag somit durch die Führung des Haushalts.

Ergebnis: M kann auch nach § 1360 keine Mitarbeit der A verlangen.

1. Abwandlung

I. Im Unterschied zum Ausgangsfall könnte sich angesichts der **geschäftlichen Notsituation** ein Anspruch auf Mitarbeit der A aus deren ehelicher Beistandspflicht gemäß **§ 1353 Abs. 1 S. 2** ergeben. In der ehelichen Lebensgemeinschaft sind beide Partner einander zu Hilfe und Beistand in Notfällen und Gefährdungssituationen verpflichtet. Zwar lässt sich auch daraus keine generelle Mitarbeitspflicht oder Unterordnung der Berufsvorstellungen des einen Ehegatten unter die des anderen herleiten. Doch ist der A für die Zeit, in der die Mitarbeiterinnen des M erkrankt sind und er keine Aushilfen finden kann, eine begrenzte Mitarbeit zumutbar.

II. Nach **§ 1360 S. 2** erfüllt der Ehegatte, dem die Haushaltsführung überlassen ist, seine Verpflichtung, durch Arbeit zum Unterhalt der Familie beizutragen, „in der Regel" durch die Führung des Haushalts. Schon die Einschränkung „in der Regel" macht deutlich, dass bei besonderer Lage, die hier bei der wirtschaftlichen Notwendigkeit, das Geschäft als Quelle des Familienunterhalts zu erhalten, gegeben ist, eine über die Haushaltsführung hinausgehende Beitragspflicht besteht. Ein solcher Beitrag ist der A bei dem kinderlosen Zweipersonenhaushalt auch möglich.

Ergebnis: Ein Anspruch des M gegen A auf Mitarbeit im Friseursalon zumindest übergangsweise ergibt sich sowohl aus § 1353 Abs. 1 S. 2 als auch aus § 1360 S. 2.

Vollstreckbar ist ein Beschluss mit diesem Inhalt wegen § 120 Abs. 3 FamFG freilich nicht.

2. Abwandlung

Ein Anspruch der A gegen X auf Zahlung von 2.000 € könnte aus **§ 843 Abs. 1 (Alt. 1)** hergeleitet werden.

Der Verlust der Fähigkeit, weiterhin Hausarbeiten zu verrichten (sog. Haushaltsführungsschaden), ist ein ersatzfähiger Schaden. Erforderlich für den Schadensersatz nach § 843 ist die Verletzung von Körper oder Gesundheit und als ursächliche Folge davon die Minderung oder Aufhebung der Erwerbsfähigkeit. Diese Voraussetzungen könnten im vorliegenden Fall gegeben sein.

§ 843 ist eine selbstständige Anspruchsgrundlage.

1. Eine **Körper- und Gesundheitsverletzung** ist gegeben, denn die A wurde infolge des von X verschuldeten Unfalls verletzt.

2. Bedingt durch diesen Unfall konnte sie für zwei Monate den Haushalt der Eheleute nicht führen.

3. Auch ein **Schaden** ist gegeben. Gemäß § 1353 Abs. 1 S. 2 sind Ehegatten einander zur ehelichen Lebensgemeinschaft verpflichtet. Diese Regelung wird ergänzt durch § 1360, wonach die Ehegatten zudem wechselseitig verpflichtet sind, durch ihre Arbeit und mit ihrem Vermögen die Familie angemessen zu unterhalten. Dies geschieht bei der Einverdienerehe dadurch, dass ein Ehegatte den Haushalt führt und der andere die hierzu notwendigen Mittel zur Verfügung stellt. Derjenige Ehegatte, der in dieser Form der Ehe den Haushalt führt, erbringt seinen geschuldeten Beitrag zum Familienunterhalt durch Einbringung und Verwertung seiner Arbeitskraft. Daraus folgt, dass er im Falle der Verletzung seiner Person und einem sich daraus ergebenden Unvermögen zur Erfüllung der Haushaltsführungspflicht einen eigenen, wirtschaftlich messbaren Schaden erleidet, den der Schädi-

Unterscheiden Sie: Der Haushaltsführungsschaden stellt sich je nachdem, ob die Hausarbeit als Beitrag zum Familienunterhalt oder ob sie den eigenen Bedürfnissen des Verletzten diente, entweder als Erwerbsschaden i.S.d. § 843 Abs. 1 (Alt. 1) oder als Vermehrung der Bedürfnisse i.S.d. § 843 Abs. 1 (Alt. 2) dar.

ger zu ersetzen verpflichtet ist. Der Ehegatte, der infolge einer Verletzung die ihm als Unterhaltsbeitrag obliegende Hausarbeit nicht leisten kann, hat auch dann einen Schadensersatzanspruch in Höhe der Kosten einer Ersatzkraft, wenn eine solche nicht angestellt wird.

A hat für die Zeit ihrer Erkrankung eine Ersatzkraft eingestellt, wodurch Kosten i.H.v. 2.000 € entstanden sind. Dieser Betrag ist ein Schaden i.S.d. § 843 Abs. 1 (Alt. 1) und somit zu ersetzen.

Ergebnis: A kann von X Zahlung i.H.v. 2.000 € gemäß § 843 Abs. 1 (Alt. 1) verlangen.

3. Teil: Verfügungsbeschränkungen im gesetzlichen Güterstand der Zugewinngemeinschaft

Fall 5: Die resolute Ehefrau

Michael (M) und Friederike (F) sind seit 2014 verheiratet und leben im gesetzlichen Güterstand der Zugewinngemeinschaft.

M verkauft und übereignet im Juni 2019 ohne Zustimmung der F ein ihm gehörendes bebautes Grundstück in Göttingen an Gerd (G) für 300.000 €. Dieses Grundstück stellt 95% seines Vermögens dar. G wird als Eigentümer im Grundbuch eingetragen. Nunmehr erfährt F von diesem Vorgang. Sie ist damit überhaupt nicht einverstanden und verlangt unverzügliche Herausgabe des Grundstücks sowie die Grundbuchberichtigung von G. Dazu werde sie alle rechtlichen Möglichkeiten ausschöpfen. G räumt ein, die Vermögensverhältnisse des M gekannt zu haben. Allerdings habe er nicht gewusst, dass M verheiratet ist. Im Übrigen sei ein finanzieller Verlust der Eheleute nicht gegeben, da er entsprechend dem Verkehrswert des Grundstücks an M 300.000 € gezahlt habe. Deshalb habe er auch in jedem Fall ein Zurückbehaltungsrecht.

Kann F von G Herausgabe des Grundstücks und Grundbuchberichtigung verlangen?

Ansprüche der F gegen G

A. Der Anspruch der F **auf Herausgabe des Grundstücks** könnte sich aus **§§ 1365, 1368 i.V.m. § 985** ergeben.

I. Das Grundstück war Eigentum des M, sodass fraglich ist, ob F überhaupt berechtigt ist, Ansprüche gegen G geltend zu machen. Verfügt jedoch ein Ehegatte ohne die nach § 1365 erforderliche Zustimmung des anderen Ehegatten über sein Vermögen im Ganzen, dann kann auch der andere Ehegatte (hier die F) die sich aus der Unwirksamkeit der Verfügung ergebenden Rechte (vgl. § 1368) gegen den Dritten gerichtlich geltend machen (sog. Revokation).

II. Der Herausgabeanspruch nach § 985 setzt voraus, dass M noch Eigentümer des Grundstücks ist. Fraglich ist, ob eine wirksame Eigentumsübertragung zugunsten des G gemäß **§§ 873, 925** vorliegt.

Vorsicht, Abstraktionsprinzip!
Maßgeblich für die Prüfung von § 985 ist, ob Eigentum nach §§ 873, 925 übertragen wurde; unerheblich ist demgegenüber die Wirksamkeit des Kaufvertrages.

1. Eine **Einigung i.S.v. § 873** über den Eigentumsübergang in Form des § 925, sog. Auflassung, liegt vor.

2. Die **Eintragung** des G **in das Grundbuch** ist erfolgt.

3. Fraglich ist die **Berechtigung** des M.

a) Beim gesetzlichen Güterstand der Zugewinngemeinschaft besteht während der Ehe grundsätzlich selbstständiges Vermögen, § 1363 Abs. 2, sodass jeder Ehegatte über sein Vermögen verfügen kann. Da M Eigentümer des Grundstücks ist bzw. war, war er an sich verfügungsberechtigt.

b) Jedoch gelten Einschränkungen gemäß §§ 1365 ff.

§ 1365 Abs. 1 S. 1 betrifft das Verpflichtungsgeschäft (§§ 433, 313), während § 1365 Abs. 1 S. 2 das dingliche Erfüllungsgeschäft (§§ 873, 925) behandelt. Hier könnte die dingliche Übereignung (i.S.v. §§ 873, 925) gemäß § 1365 Abs. 1 S. 2 unwirksam sein. Dann müssten die Voraussetzungen des § 1365 Abs. 1 S. 2 vorliegen.

aa) Eine wirksame Ehe von M und F bestand.

bb) Die Eheleute leben im gesetzlichen Güterstand der Zugewinngemeinschaft.

Die Verfügungsbeschränkungen der §§ 1365 ff. gelten nur im gesetzlichen Güterstand der Zugewinngemeinschaft.

cc) Der Vertrag müsste das **Vermögen im Ganzen** betreffen.

Nach der sog. **Gesamttheorie** ist dies vorliegend nicht der Fall, da hiermit nur das Vermögen „en bloc" i.S.d. § 311 gemeint sei.

Nach der herrschenden **Einzeltheorie**[6] ist dies hingegen auch zu bejahen, wenn ein einzelner oder mehrere einzelne Gegenstände übertragen werden, die wirtschaftlich nahezu das gesamte Vermögen ausmachen. Gleichgestellt werden auch dingliche Belastungen (z.B. Hypotheken, Grundschulden), sofern sie den Wert des Vermögens im Wesentlichen ausschöpfen.

(1) Problematisch ist, wann „im Wesentlichen das gesamte Vermögen" betroffen ist.

Maßgeblich ist insoweit, dass das verbleibende Restvermögen unterhalb von 10% des ursprünglichen Gesamtvermögens bleibt.

Wird ein Wertgegenstand, z.B. ein Grundstück veräußert, bleibt die erhaltene Gegenleistung unberücksichtigt, da das Gesetz nicht unbedingt auf eine wirtschaftliche Einbuße abstellt. Das Gesetz bezieht sich auch vom Wortlaut her nur auf die Verfügung des Ehegatten über sein Vermögen, nicht auf das Gegengeschäft. Die Vorschrift enthält damit eine bewusste Entscheidung des Gesetzgebers, die Familie auch vor unkontrollierter Umschichtung des Vermögens im Ganzen zu schützen.

Somit ist entgegen der Auffassung des G die entrichtete Gegenleistung unerheblich.

(2) Diese Gleichsetzung von Einzelgegenständen mit dem „Vermögen im Ganzen" ist jedoch davon abhängig, dass der Erwerber **positiv** weiß oder zumindest die Verhältnisse kennt, aus denen sich ergibt, dass durch das Rechtsgeschäft im Wesentlichen das ganze Vermögen erfasst wird.

Eine Verfügung über das Vermögen im Ganzen ist auch bei der Übertragung eines einzelnen Gegenstandes gegeben, sofern das Objekt der Verfügung im Wesentlichen das Vermögen des Ehegatten darstellt und der Vertragspartner dies weiß oder zumindest die Verhältnisse kennt, aus denen sich dieses ergibt.

Maßgeblicher Zeitpunkt für die Kenntnis des Erwerbers ist nicht die Vollendung des Rechtserwerbs, sondern der Abschluss des Verpflichtungsgeschäfts. Fehlt die Kenntnis des Erwerbers zu diesem Zeitpunkt, dann ist § 1365 auch bei nachfolgender Kenntniserlangung weder auf das Verpflichtungs- noch auf das Verfügungsgeschäft anzuwenden.

Die objektiven und subjektiven Voraussetzungen des § 1365 sind danach gegeben, denn G räumt ein, die Vermögensverhältnisse des M gekannt zu haben.

---

6 Palandt/Brudermüller § 1365 Rn. 4.

c) Rechtsfolge derartiger Vorgänge ist, dass der ohne Einwilligung des Ehegatten geschlossene Vertrag schwebend unwirksam ist, vgl. § 1366. Wird die erforderliche Genehmigung nicht erteilt, ist der Vertrag endgültig unwirksam (und bleibt es auch, selbst wenn später der Güterstand aufgelöst wird). Da eine gegebenenfalls vorgenommene Verfügung ebenfalls unwirksam ist, kann der betreffende Gegenstand herausverlangt werden.

d) Die **Gutgläubigkeit des Erwerbers** ist bedeutungslos, da es sich um eine **absolute Verfügungsbeschränkung** handelt. § 892 ist also nicht anwendbar. Somit ist unerheblich, dass G davon ausging, M sei nicht verheiratet.

III. Fraglich ist, ob G wegen seiner erbrachten Gegenleistung ein **Zurückbehaltungsrecht gemäß §§ 273, 274** ausüben kann. Jedoch könnte G nur von seinem Vertragspartner M die erbrachten Gegenleistungen zurückfordern, nicht von der F. Mangels Konnexität i.S.v. § 273 Abs. 1 besteht daher kein Zurückbehaltungsrecht.[7]

Absolute Verfügungsbeschränkungen können nicht durch Gutgläubigkeit überwunden werden. Sie dienen überragend wichtigen Zwecken. So dient § 1365 dem Schutz der Lebensgrundlagen der Familie bzw. auch der Verhinderung künstlicher Sozialhilfefälle.

Ergebnis: F kann Herausgabe des Grundstücks nach § 985 von G verlangen.

B. F kann weiterhin nach **§ 894** gegen G vorgehen und den **Anspruch auf Grundbuchberichtigung** geltend machen. § 894 setzt voraus, dass die formelle und die materielle Rechtslage voneinander abweichen. Dies ist der Fall, denn G ist (formell) im Grundbuch eingetragen, während materiell immer noch M Eigentümer ist, da die Eigentumsübertragung nach §§ 873, 925 an der fehlenden Berechtigung des M infolge von § 1365 scheiterte.

Ergebnis: F kann Grundbuchberichtigung von G nach § 894 verlangen.

---

7 Palandt/Brudermüller § 1368 Rn. 3.

Fall 6: Nicht ohne meine Waschmaschine

Moritz (M) und Felicitas (F) haben im Januar 2017 geheiratet. Bereits nach kurzer Zeit kommt es zu einer ersten Ehekrise. F zieht nach einem größeren Streit zu ihrer Mutter. M ist aufgebracht und übereignet die Waschmaschine sowie die Spülmaschine, die F mit in die Ehe gebracht hat und die ihr Eigentum sind, an Peter (P). M besucht F im Mai 2019 und schenkt ihr zur Versöhnung einen Blumenstrauß. F ist wieder verliebt und kehrt in die Ehewohnung zurück. Obwohl sie M verzeiht, will sie trotzdem die Waschmaschine sowie die Spülmaschine von P zurück.

Wie ist die Rechtslage?

Anspruch der F gegen P auf Herausgabe der Waschmaschine und der Spülmaschine aus § 985

Die Voraussetzungen des **§ 985** könnten vorliegen.

I. P ist **Besitzer** der Waschmaschine und der Spülmaschine.

II. F müsste **Eigentümerin** der Waschmaschine und der Spülmaschine sein. Sie könnte das Eigentum an P verloren haben. P könnte nämlich das Eigentum gemäß §§ 929 ff. von M erworben haben. Dies soll nunmehr geprüft werden.

1. M und P haben sich über den Eigentumsübergang nach § 929 S. 1 geeinigt. M hat dem P die Waschmaschine und die Spülmaschine übergeben. M war aber nicht Berechtigter, da die Geräte seiner Frau gehörten und er auch nicht mit Zustimmung der F gemäß § 185 gehandelt hat. Der M hat somit als Nichtberechtigter verfügt.

2. Es kommt daher nur ein gutgläubiger Erwerb des P gemäß **§§ 929 S. 1, 932** in Betracht.

Der gute Glaube ist gemäß § 932 nur in Ansehung des Eigentums des Veräußerers geschützt.

a) Das fehlende Eigentum des M wird durch § 932 überwunden, da P bezüglich der Eigentümerstellung des M gutgläubig war, § 932 Abs. 2, und die Geräte der F nicht abhanden gekommen sind, § 935.

b) Da Berechtigter i.S.d. § 929 aber nur der **verfügungsberechtigte** Eigentümer ist, reicht es für den Erwerb vom Nichtberechtigten nicht aus, wenn zwar das fehlende Eigentum durch §§ 932 ff. überwunden wird, daneben aber dem M nicht nur wegen des fehlenden Eigentums, sondern aus einem besonderen Grund die Verfügungsbefugnis fehlt, und diese fehlende Verfügungsbefugnis nicht aufgrund besonderer Gutglaubensvorschriften überwunden wird.

Dem M könnte die Verfügungsbefugnis wegen **§ 1369** fehlen, wenn eine Verfügung über einen Haushaltsgegenstand vorliegt. Fraglich ist aber, ob § 1369 den vorliegenden Fall erfasst.

aa) 1369 ist zunächst nur anwendbar, wenn F und M Ehegatten sind, die im **gesetzlichen Güterstand der Zugewinngemeinschaft** leben. Das ist der Fall. Das Getrenntleben der Eheleute schließt § 1369 nicht aus, da die Schutzfunktion des § 1369 für Zeiten einer Ehekrise von besonderer Wichtigkeit ist.[8]

---

8 Palandt/Brudermüller § 1369 Rn. 2.

bb) Haushaltsgegenstand i.S.d. § 1369 sind alle Sachen, die dem ehelichen Haushalt einschließlich der Unterhaltung dienen. Maßgeblich ist die konkrete Zweckbestimmung der Eheleute, sodass auch ein Luxusgegenstand durchaus Haushaltsgegenstand sein kann.

Die Waschmaschine und die Spülmaschine wurden von den Eheleuten in der gemeinsamen Wohnung benutzt und waren Gegenstände des ehelichen Haushalts.

cc) Die Waschmaschine und die Spülmaschine gehörten aber nicht dem M, der darüber verfügte, sondern der F. § 1369 greift daher direkt nicht ein. Fraglich ist, ob **§ 1369 analog** angewandt werden kann, wenn ein Ehegatte Gegenstände des ehelichen Haushalts, die dem anderen Ehegatten gehören, an einen gutgläubigen Dritten veräußert.

Nach einer Ansicht ist der ehegüterrechtliche Schutz erst recht geboten, wenn der Gegenstand nicht einmal dem Verfügenden gehört.[9]

Nach der Gegenmeinung regeln die §§ 932 ff. den Ausgleich zwischen Eigentümerschutz und Verkehrsinteressen abschließend; es scheide daher eine analoge Anwendung des § 1369 aus, wenn der Ehegatte als Nichtberechtigter verfüge.[10]

Der Schutzcharakter des § 1369 gebietet eine analoge Anwendung, sodass der erstgenannten Auffassung zu folgen ist. Da M ohne Einwilligung der F verfügt hat, fehlte ihm entsprechend § 1369 die Verfügungsbefugnis.

Da es sich bei § 1369 um ein **absolutes Veräußerungsverbot** handelt, scheidet insoweit die Möglichkeit eines gutgläubigen Erwerbs aus. P hat daher kein Eigentum an der Waschmaschine und der Spülmaschine erworben. Die Voraussetzungen des § 985 liegen somit vor.

Relative (relativ = nur der Schutz einzelner Interessen ist bezweckt) **Veräußerungsverbote** können hingegen nach § 135 Abs. 2 i.V.m. §§ 932 ff. überwunden werden.

III. P hat kein **Zurückbehaltungsrecht nach § 273** gegen F. Zwar ist auch im Falle der analogen Anwendung des § 1369 das Verpflichtungsgeschäft, d.h. der Kaufvertrag zwischen M und P unwirksam. P kann also Rückzahlung des Kaufpreises von M nach § 812 Abs. 1 S. 1 (Alt. 1) fordern. Dies begründet aber mangels Konnexität kein Zurückbehaltungsrecht nach § 273 gegenüber der F.

Ergebnis: F kann Herausgabe der Waschmaschine und der Spülmaschine nach § 985 von P verlangen.

---

9 Palandt/Brudermüller § 1369 Rn. 1.

10 Ausführlich dazu Prütting/Wegen/Weinreich § 1369 Rn. 5.

Vertiefungsschema: Verfügungsbeschränkungen der §§ 1365 und 1369

A. Anwendung

- Nur im gesetzlichen Güterstand der Zugewinngemeinschaft
- Getrenntleben unschädlich

B. Voraussetzungen der §§ 1365, 1369

I. § 1365

1. **Schutzzweck:** Sicherung der Lebensgrundlage der Familie sowie des Anspruchs auf Ausgleich des Zugewinns bei Auflösung der Ehe
2. **Vermögen im Ganzen**

   Gesamttheorie: Vermögen „en bloc" i.S.d. § 311 b Abs. 3

   Einzeltheorie (h.M.): Ausreichend, wenn ein einzelner oder mehrere einzelne Gegenstände übertragen werden, die wirtschaftlich nahezu das gesamte Vermögen ausmachen; gleichgestellt sind dingliche Belastungen (z.B. Hypotheken, Grundschulden), sofern sie den Wert des Vermögens im Wesentlichen ausschöpfen.

   Geschäft über Einzelgegenstand unterliegt § 1365, wenn

   - **90 %** des Vermögens
   - Subjektiv: **positive Kenntnis** der Vermögensverhältnisse erforderlich
   - Maßgeblicher Zeitpunkt: **schuldrechtlicher Vertragsschluss**

II. § 1369

1. **Schutzzweck:** Sicherung der Wirtschaftsgrundlage der Familie
2. **Haushaltsgegenstände:** Alle Sachen, die der Hauswirtschaft und dem familiären Zusammenleben dienen. Maßgeblich ist die Zweckbestimmung der Ehegatten, sodass im Einzelfall auch Luxusgegenstände dem Haushalt dienen.
3. **Analoge Anwendung**, wenn ein Ehegatte Gegenstände des ehelichen Haushalts, die **dem anderen Ehegatten gehören**, an einen gutgläubigen Dritten veräußert.

C. Rechtsfolge

- Sowohl das Verpflichtungs- als auch das Verfügungsgeschäft ist zustimmungspflichtig.
- Nach h.M. ist das Verfügungsgeschäft entgegen dem Wortlaut der Vorschrift zustimmungsfrei, wenn der Ehegatte der Verpflichtung zugestimmt hatte.
- Der ohne Einwilligung geschlossene Vertrag ist zunächst **schwebend unwirksam**. Er wird **wirksam**, wenn der andere Ehegatte ihn genehmigt, § 1366 Abs. 1; er wird **unwirksam**, wenn der andere Ehegatte die Genehmigung verweigert, § 1366 Abs. 4.
- §§ 1365, 1369 sind **absolute Veräußerungsverbote**, sodass (über § 135 Abs. 2) die Gutglaubensvorschriften keine Anwendung finden. Es kommt daher nicht darauf an, ob der Dritte weiß, dass sein Geschäftspartner verheiratet ist oder dass er im Güterstand der Zugewinngemeinschaft lebt.

D. Anspruchsberechtigung

- § 1368: Der nicht verfügende Ehegatte kann die Rechte aus der Unwirksamkeit der Verfügung **in eigenem Namen** geltend machen.
- Zulässig ist die sog. **revokatorische Klage**.

E. Zurückbehaltungsrecht

- ZBR gemäß § 273: Der Anspruchsgegener kann kein Zurückbehaltungsrecht nach § 273 (z.B. wegen Kaufpreiszahlung) geltend machen, denn dies stünde im Widerspruch zum Schutzzweck des § 1368.
- Aufrechnung ist zulässig.

4. Teil: Die Scheidung der Ehe

Fall 7: Der untreue Ehemann

Die Eheleute Manfred (M) und Friederike (F) haben im Jahre 2014 vor dem Standesamt Köln geheiratet und lebten seither (kinderlos) in einer Mietwohnung in Köln. Nachdem M einen Seitensprung gestanden hat, ist F aus der gemeinsamen Ehewohnung am 20.06.2018 ausgezogen. Sie lebt seit dem 10.07.2018 mit einem neuen Partner in Düsseldorf. F möchte daher geschieden werden. Sie beauftragt am 06.05.2019 ihre Anwältin, die Scheidung zu betreiben.

Die Heiratsurkunde, ausgestellt vom Standesamt Köln, legt sie der Anwältin vor. Des Weiteren erklärt sie, M wolle nach wie vor an der Ehe festhalten. Er halte sie für die beste Ehefrau von allen und lehne eine Scheidung ab.

Die Anwältin soll zunächst klären, ob ein Antrag auf Scheidung der Ehe, der noch im Mai 2019 gestellt würde, zulässig und begründet ist.

Eine Ehe wird durch gerichtlichen Beschluss (gestaltende Entscheidung) geschieden, § 1564. Der Antrag auf Scheidung muss zulässig und begründet sein.

I. Zulässigkeit des Scheidungsantrags

1. Das Amtsgericht – Familiengericht – Köln ist für die Entscheidung **zuständig**.

Dies ergibt sich in sachlicher Hinsicht aus § 23 a Abs. 1 S. 1 Nr. 1 GVG i.V.m. § 111 Nr. 1 FamFG sowie hinsichtlich der Abteilung für Familiensachen (Geschäftsverteilung) aus § 23 b Abs. 1 GVG.

Die örtliche Zuständigkeit für die Ehesache Scheidung ergibt sich aus § 122 Nr. 3 FamFG, da eine vorrangige örtliche Zuständigkeit nach § 122 Nr. 1 oder Nr. 2 FamFG nicht vorliegt und die Beteiligten im Bezirk des Amtsgerichts Köln ihren gemeinsamen gewöhnlichen Aufenthalt zuletzt gehabt haben.

§ 122 FamFG behandelt die örtliche Zuständigkeit in Ehesachen und ordnet die Ausschließlichkeit der Zuständigkeit in örtlicher Hinsicht an.

Ausschließliche Zuständigkeit bedeutet, dass die Zuständigkeit eines Gerichts der Parteivereinbarung entzogen ist und andere Zuständigkeiten verdrängt werden.

2. Der Scheidungsantrag muss von einem Rechtsanwalt gestellt werden, vgl. § 114 Abs. 1 FamFG, da es ansonsten an der **Postulationsfähigkeit** fehlt.

3. Der **Scheidungsantrag** muss den Anforderungen insbesondere des § 133 FamFG entsprechen, d.h. es sind Angaben darüber zu machen, ob gemeinschaftliche minderjährige Kinder vorhanden sind und gegebenenfalls, wo diese ihren gewöhnlichen Aufenthalt haben.

Weiterhin muss der Scheidungsantrag nach § 133 Abs. 1 Nr. 2 FamFG Angaben dazu enthalten, ob die Ehegatten eine **Regelung** über die elterliche Sorge, den Umgang und die Unterhaltspflicht gegenüber den gemeinschaftlichen minderjährigen Kindern sowie die durch die Ehe begründete gesetzliche Unterhaltspflicht, die Rechtsverhältnisse an der Ehewohnung und an den Haushaltsgegenständen getroffen haben. Außerdem ist nach § 133 Abs. 1 Nr. 3 FamFG anzugeben, ob bereits Verfahren in anderen Familiensachen (z.B. Unterhalt) anderweitig anhängig sind.

Gemäß § 113 Abs. 5 FamFG sind die Beteiligten als Antragsteller und Antragsgegner zu bezeichnen (und nicht als Kläger und Beklagter).

Ergebnis: Ein Scheidungsantrag, der den genannten Kriterien entspricht und beim Amtsgericht – Familiengericht – Köln anhängig gemacht würde, ist zulässig.

II. Begründetheit des Scheidungsantrags

Der Antrag auf Scheidung der Ehe ist begründet, wenn die **Ehe** als **gescheitert i.S.d. §§ 1564, 1565 ff.** anzusehen ist. Das Scheitern der Ehe ist der einzige Scheidungsgrund (sog. **Zerrüttungsprinzip**).

1. Aufgrund der vorliegenden Heiratsurkunde ist davon auszugehen, dass die Eheleute im Jahre 2014 vor dem Standesamt Köln eine **formgültige Ehe** geschlossen haben.

2. Die **Ehe ist gescheitert**, wenn die Lebensgemeinschaft der Eheleute nicht mehr besteht und nicht davon ausgegangen werden kann, dass die Beteiligten sie wieder aufnehmen, § 1565 Abs. 1 S. 2.

a) Eine genauere Prüfung, ob die Ehe gescheitert ist, kann unterbleiben, wenn eine sog. **Zerrüttungsvermutung** eingreift.

Nach § 1566 Abs. 2 ergibt sich aus einem Getrenntleben (§ 1567) von drei Jahren die unwiderlegbare Vermutung, dass die Ehe gescheitert ist.

aa) Leben die Ehegatten **länger als drei Jahre getrennt**, so wird **unwiderlegbar vermutet**, dass die Ehe gescheitert ist, **§ 1566 Abs. 2**.

Getrenntleben ist gegeben, wenn zwischen den Ehegatten keine häusliche Gemeinschaft besteht und ein Ehegatte sie erkennbar nicht herstellen will, weil er die eheliche Lebensgemeinschaft ablehnt, § 1567 Abs. 1 S. 1.

Nach § 1567 Abs. 2 unterbricht oder hemmt ein Zusammenleben über kürzere Zeit, das der Versöhnung der Ehegatten dienen soll, den Fristablauf für das Getrenntleben nicht.

Die räumliche Trennung (z.B. bei längerer berufsbedingter Abwesenheit, Strafhaft usw.) bedeutet noch kein Getrenntleben. Entscheidend ist das subjektive Element – der Trennungswille.[11] Ein Getrenntleben kann ohne räumliche Trennung gegeben sein, wenn innerhalb der ehelichen Wohnung die eheliche Lebensgemeinschaft aufgelöst wird und einer der Ehegatten sie ablehnt (§ 1567 Abs. 1 S. 2). Ehegatten leben innerhalb der Ehewohnung getrennt, wenn sie nicht mehr zusammen wirtschaften, schlafen und essen. Verbleibende Gemeinsamkeiten, z.B. das dem trennungswilligen Teil aufgedrängte Putzen der Wohnung und Waschen der Wäsche, ändern daran nichts, wenn sie bei einer Gesamtwürdigung unwesentlich erscheinen.

Die Anwendung des § 1566 Abs. 2 scheitert jedoch daran, dass die Eheleute noch nicht drei Jahre getrennt leben.

---

11 Palandt/Brudermüller § 1567 Rn 5.

bb) Leben die Ehegatten **ein Jahr getrennt** und besteht ein **übereinstimmender Scheidungswille**, ist ebenfalls nach § 1566 Abs. 1 eine Zerrüttungsvermutung gegeben.

Das Gesetz verlangt auch in diesem Fall ein Getrenntleben von mindestens einem Jahr. Damit soll übereilten Scheidungen vorgebeugt werden. Im Übrigen sind zwei Formen der einverständlichen Scheidung möglich: Die Eheleute können beide die Scheidung beantragen, alternativ genügt aber auch ein Scheidungsantrag, dem die Gegenseite zustimmt. Der Unterschied ist, dass bei Zurücknahme des Scheidungsantrags im ersten Fall die Rechtshängigkeit des Scheidungsverfahrens durch den anderen Scheidungsantrag bestehen bleibt, im Falle der bloßen Zustimmung hingegen nicht.

Beachte: Die Zerrüttungsvermutung des § 1566 Abs. 1 ist für das Gericht immer dann gegeben, wenn ein übereinstimmender Scheidungswille vorliegt.

Weitere Erfordernisse bestehen nicht.

Ein Fall der einverständlichen Scheidung i.S.d. § 1566 Abs. 1 ist jedoch nicht gegeben, da M nach Aussage der Mandantin an der Ehe festhalten möchte.

Diese Rechtslage gilt seit dem 01.09. 2009. Früher setzte eine einverständliche Scheidung eine Einigung der Beteiligten über zahlreiche Scheidungsfolgen voraus (vgl. § 630 ZPO a.F.).

b) Somit ist das Scheitern der Ehe von Amts wegen im Wege einer entsprechenden **Analyse- bzw. Prognoseentscheidung** festzustellen, da bindende Zerrüttungsvermutungen i.S.d. § 1566 Abs. 1 bzw. Abs. 2 nicht vorliegen.

aa) Die Lebensgemeinschaft der Eheleute besteht nicht mehr, da diese seit dem am 20.06.2018 erfolgten Auszug der F aus der früheren Ehewohnung getrennt i.S.d. § 1567 Abs. 1 leben **(Analyse)**.

Auch das grundsätzliche Erfordernis der einjährigen Trennungszeit (Umkehrschluss aus § 1565 Abs. 2) ist erfüllt, wenn der Antrag nach dem 20. Juni 2019 anhängig gemacht wird.

Selbst wenn der Antrag kurz vor dem 20. Juni 2019 gestellt würde, ist das Trennungsjahr erfüllt. Insoweit ist nämlich nach h.M. auf den Zeitpunkt der letzten mündlichen Verhandlung abzustellen. Prinzipiell liegt zwar ein verfrühter Scheidungsantrag vor, da bei Eingang bei Gericht das Trennungsjahr noch nicht abgelaufen wäre. Der Antrag wäre daher bei Eingang abweisungsreif. Zwischen Eingang und Ablauf des Trennungsjahres liegen allerdings nur wenige Tage. In der Praxis ist es den Gerichten nicht möglich, in dieser kurzen Zeit einen Verhandlungstermin anzuberaumen.

Daher erfolgt die Terminierung, als wenn es sich um einen begründeten Antrag handelte, unter Inkaufnahme des Ablaufs der Trennungszeit. Das Erfordernis der einjährigen Trennungszeit ist somit gegeben.

Das Gericht darf jedoch auf keinen Fall einem unbegründeten Antrag durch verspätete Terminierung (Verschleppung) zum Erfolg verhelfen.

bb) Es bestehen auch keine realistischen Chancen für eine Wiederaufnahme der ehelichen Lebensgemeinschaft (**Prognose**). Dies ergibt sich insbesondere aus der Tatsache, dass die F mittlerweile in Düsseldorf lebt und einen neuen Partner hat.

Damit ist die Ehe gescheitert i.S.d. § 1565 Abs. 1 S. 2.

3. Nach der **Härteklausel** des § 1568 soll die Ehe nicht geschieden werden, obwohl sie gescheitert ist, wenn und solange die Aufrechterhaltung der Ehe im Interesse der aus der Ehe hervorgegangenen minderjährigen Kinder aus besonderen Gründen ausnahmsweise notwendig ist (sog. **Kinderschutzklausel**) oder wenn und solange die Scheidung für den Antrags-

Die „Kinderschutzklausel" greift z.B. ein, wenn ein auf ein Elternteil besonders fixiertes Kind durch die Scheidung zum jetzigen Zeitpunkt in eine krankhafte Identitätskrise geraten würde bzw. die Gefahr der Selbsttötung gegeben wäre.

gegner, der sie ablehnt, aufgrund außergewöhnlicher Umstände eine so schwere Härte darstellen würde, dass die Aufrechterhaltung der Ehe auch unter Berücksichtigung der Belange des Antragstellers ausnahmsweise geboten erscheint (**persönliche Härteklausel**).

Ein Scheidungshindernis i.S.d. § 1568 liegt nicht vor. Zum einen sind keine Kinder aus der Ehe hervorgegangen, zum anderen ist auch eine schwere Härte i.S.d. § 1568 Abs. 1 Alt. 2 für M für den Fall der Scheidung nicht erkennbar.

Ergebnis: Ein Scheidungsantrag, der den genannten Anforderungen entspricht, wäre zulässig und begründet. Er kann bereits zum jetzigen Zeitpunkt erfolgreich beim Amtsgericht – Familiengericht – Köln gestellt werden.

Fall 8: Die eilige Scheidung

Moritz (M) und Andrea (A), die im Jahre 2012 geheiratet hatten, leben seit zwei Monaten getrennt. Aus der Ehe ist eine Tochter mit Namen Laura hervorgegangen. Während der Ehe wohnten die Eheleute in einem Reihenhaus in Hamburg. A wendet sich an ihre Anwältin und bittet um Auskunft. Sie möchte unverzüglich geschieden werden. Eine Fortsetzung der Ehe sei für sie unzumutbar, da M aus einer intakten Ehe ausgebrochen ist. Er habe es mehrfach mit der ehelichen Treue nicht ernst genommen. Seit der Trennung lebe er mit einer neuen Partnerin in deren Haus in Hamburg zusammen. Schließlich sei sie während der Ehe von ihrem Mann mehrfach geschlagen worden und habe sich deshalb einer psychologischen Behandlung unterziehen müssen. Einmal sei es dabei zu einem Nasenbeinbruch sowie einer Gehirnerschütterung mit Aufenthalt im Krankenhaus gekommen, was sogar wegen vorsätzlicher Körperverletzung von der Polizei aufgenommen wurde. Nunmehr habe aber auch sie einen neuen Partner gefunden, mit dem sie in dem früheren ehelichen Reihenhaus gemeinsam mit der Tochter Laura zusammenlebe; aus dieser neuen Beziehung werde auch ein Kind hervorgehen.

Sie wünsche deshalb nach Möglichkeit eine sofortige Scheidung.

Wie ist die Rechtslage?

Die Anwältin hat zu prüfen, ob erfolgreich bei Gericht ein Scheidungsantrag gestellt werden kann, obwohl das sog. Trennungsjahr noch nicht abgelaufen ist.

I. Zulässigkeit des Scheidungsantrags

1. Zunächst ist das **zuständige Gericht** zu klären.

Das Amtsgericht – Familiengericht – Hamburg ist für die Ehescheidung zuständig.

Dies ergibt sich in sachlicher Hinsicht aus § 23 a Abs. 1 S. 1 Nr. 1 GVG i.V.m. § 111 Nr. 1 FamFG sowie hinsichtlich der Abteilung für Familiensachen (Geschäftsverteilung) aus § 23 b Abs. 1 GVG.

Die örtliche Zuständigkeit für die Ehesache Scheidung ergibt sich aus § 122 Nr. 1 FamFG, da die A gemeinsam mit der Tochter Laura im Bezirk des Amtsgerichts Hamburg ihren gewöhnlichen Aufenthalt hat.

§ 122 FamFG behandelt die örtliche Zuständigkeit in Ehesachen und ordnet die Ausschließlichkeit der Zuständigkeit in örtlicher Hinsicht an.

2. Der Scheidungsantrag muss von einem **Rechtsanwalt** gestellt werden, vgl. § 114 Abs. 1 FamFG.

3. Der **Scheidungsantrag** muss den Anforderungen insbesondere des § 133 FamFG entsprechen, d.h. es sind Angaben darüber zu machen, ob gemeinschaftliche minderjährige Kinder vorhanden sind und gegebenenfalls, wo diese ihren gewöhnlichen Aufenthalt haben.

Weiterhin muss der Scheidungsantrag nach § 133 Abs. 1 Nr. 2 FamFG Angaben dazu enthalten, ob die Ehegatten eine **Regelung** über die elterliche Sorge, den Umgang und die Unterhaltspflicht gegenüber den gemeinschaftlichen minderjährigen Kindern sowie die durch die Ehe begründete gesetzliche Unterhaltspflicht, die Rechtsverhältnisse an der Ehewohnung und an den Haushaltsgegenständen getroffen haben. Außerdem ist nach § 133 Abs. 1 Nr. 3 FamFG anzugeben, ob bereits Verfahren in anderen Familiensachen (z.B. Unterhalt) anderweitig anhängig sind.

Gemäß § 113 Abs. 5 FamFG sind die Beteiligten als Antragsteller und Antragsgegner zu bezeichnen (und nicht als Kläger und Beklagter).

Ergebnis: Ein Scheidungsantrag, der den genannten Kriterien entspricht und beim Amtsgericht – Familiengericht – Hamburg anhängig gemacht würde, ist zulässig.

II. Begründetheit des Scheidungsantrags

Der Antrag auf Scheidung der Ehe ist begründet, wenn die Ehe als gescheitert i.S.d. §§ 1564, 1565 ff. anzusehen ist. Nach § 1564 S. 3 ergibt sich, dass die §§ 1565 bis 1568 abschließend bestimmen, wann und ob die Ehe geschieden werden kann.

Die angegebenen Scheidungstatbestände sind derart konzipiert, dass eine Scheidung einer Ehe, die diesen „Zustand" nicht erreicht hat, ausgeschlossen sein soll.

1. Eine Ehe kann gemäß § 1565 Abs. 1 S. 1 geschieden werden, wenn sie **gescheitert** ist (sog. Zerrüttungsprinzip). Insoweit kommen vier Scheidungstatbestände infrage, unter denen die Parteien einer gescheiterten Ehe wählen können. Große Bedeutung kommt dabei den sog. **Zerrüttungsvermutungen** zu.

Nach § 1566 Abs. 2 ergibt sich aus einem **Getrenntleben (§ 1567) von drei Jahren** die unwiderlegbare Vermutung, dass die Ehe gescheitert ist.

Leben die Ehegatten **ein Jahr getrennt** und besteht ein **übereinstimmender Scheidungswille**, ist ebenfalls nach § 1566 Abs. 1 eine Zerrüttungsvermutung gegeben.

Getrenntleben liegt nach § 1567 Abs. 1 vor, wenn die häusliche Gemeinschaft der Eheleute aufgehoben wurde (objektiver Tatbestand) und ein Ehegatte sie erkennbar nicht mehr herstellen will (subjektiver Tatbestand).

Die Eheleute leben erst zwei Monate getrennt, sodass die genannten Zerrüttungsvermutungen nicht eingreifen.

2. Leben die Ehegatten ein Jahr getrennt und kann die Zerrüttung positiv i.S.v. § 1565 Abs. 1 festgestellt werden, liegt der sog. Grundtatbestand des Scheidungsrechts vor. Ist eine Zerrüttung zwar festzustellen, aber das Trennungsjahr noch nicht abgelaufen, kommt gegebenenfalls eine **Härtefallscheidung nach § 1565 Abs. 2** in Betracht. Damit ist im vorliegenden Fall nur eine Härtefallscheidung denkbar. Die Anforderungen dafür sind zu prüfen.

a) Die Ehe ist **gescheitert** (Zerrüttung), wenn die Lebensgemeinschaft der Ehegatten nicht mehr besteht und nicht erwartet werden kann, dass die Ehegatten sie wiederherstellen. Dies ist (vom Gericht von Amts wegen) im Wege einer entsprechenden Analyse- und Prognoseentscheidung festzustellen, wenn bindende Zerrüttungsvermutungen i.S.d. § 1566 Abs. 1 bzw. Abs. 2 nicht vorliegen.

aa) Die Lebensgemeinschaft besteht dann nicht mehr, wenn die innere Abwendung der Ehegatten voneinander mit der Aufhebung der häuslichen Gemeinschaft und der übrigen Gemeinsamkeiten der Lebensgestaltung zusammentrifft **(Analyse)**.

bb) Notwendig ist des Weiteren die Annahme der Unheilbarkeit der Zerrüttung **(Prognose)**. Maßgeblich ist letztlich, ob die Ehekrise überwindbar scheint oder zumindest einem Ehegatten jegliche Versöhnungsbereitschaft fehlt, insbesondere weil eine neue Partnerschaft besteht.

Danach ist von einem Scheitern der Ehe auszugehen. Die Eheleute haben sich getrennt und sind mittlerweile neue Partnerschaften eingegangen. Die A erwartet von ihrem neuen Partner auch bereits ein Kind.

b) Eine sog. Härtefallscheidung nach § 1565 Abs. 2 ist möglich, wenn die Eheleute noch nicht ein Jahr getrennt leben, aber die **Fortsetzung der Ehe** für den Antragsteller eine **unzumutbare Härte** darstellt. Insoweit gelten strenge Anforderungen, damit das grundsätzlich erforderliche Trennungsjahr nicht unterlaufen wird. Nach § 1565 Abs. 2 kann eine Ehe vor Ablauf einer Trennungszeit von einem Jahr nur geschieden werden, wenn die Fortsetzung der Ehe für den Antragsteller aus Gründen, die **in der Person des anderen Ehegatten liegen**, eine unzumutbare Härte darstellen würde.

Diese unzumutbare Härte, an deren Vorliegen strenge Anforderungen zu stellen sind, muss sich gerade auf das Eheband als solches beziehen, also auf das „Weiter-miteinander-verheiratet-sein". Tatsachen, die lediglich das weitere eheliche Zusammenleben als unzumutbar erscheinen lassen, reichen insoweit nicht aus.

aa) Somit reicht die **Aufnahme einer außerehelichen Beziehung** durch den M grundsätzlich nicht aus, um den Ausnahmetatbestand des § 1565 Abs. 2 zu erfüllen. Dies gilt selbst dann, wenn der Ehegatte mit dem neuen Partner in einer eheähnlichen Gemeinschaft zusammenlebt. Es müssen vielmehr besonders erschwerende Begleitumstände hinzutreten, sodass das Verhalten des anderen Ehegatten in besonderem Maße für die Antragstellerin erniedrigend oder peinlich ist. Nur durch eine solche strenge Handhabung kann dem Gesetzeszweck des § 1565 Abs. 2 Rechnung getragen werden. Dabei ist insbesondere zu berücksichtigen, dass die Hinwendung zu einem neuen Partner nicht selten – zumindest im Anfangsstadium – keine endgültige Entscheidung darstellt, sondern bei entsprechender Gesprächsbereitschaft von den Ehegatten zum Anlass genommen wird, über die bisherige Ehe nachzudenken und Wege für einen Neuanfang zu suchen.

bb) Weiterhin ist auch unbeachtlich, dass die **A mittlerweile schwanger** ist. Die Gründe, die eine unzumutbare Härte darstellen, müssen nämlich gerade in der Person des anderen Ehegatten liegen, was im Hinblick auf die Schwangerschaft nicht der Fall ist.

Die Gründe, die eine unzumutbare Härte darstellen, müssen **in der Person des anderen Ehegatten** liegen.

cc) Eine unzumutbare Härte kann sich aber aus **Gewalttätigkeiten** gegen den anderen Ehepartner ergeben. So liegt der Fall hier. Die A wurde von M während der Ehe mehrfach geschlagen; dies musste sogar im Krankenhaus behandelt werden und hatte polizeiliche Ermittlungen zur Folge. Dies begründet eine unzumutbare Härte i.S.v. § 1565 Abs. 2.

c) Die **Härteklausel nach § 1568** darf der Scheidung nicht entgegenstehen. Insoweit ist die Ehegattenschutzklausel von der Kinderschutzklausel zu unterscheiden.

Im vorliegenden Fall ist allenfalls die Kinderschutzklausel von Bedeutung. Es sind jedoch keine Anhaltspunkte vorhanden, dass wegen der Tochter Laura eine Scheidung nicht ausgesprochen werden sollte.

Ergebnis: Ein Scheidungsantrag ist bereits jetzt, d.h. auch vor Ablauf des Trennungsjahres möglich, da die Voraussetzungen der §§ 1564, 1565 Abs. 1 und 2 vorliegen (sog. Härtefallscheidung).

Aufbauschema: Scheidung

Scheidung (= Auflösung der Ehe) setzt einen gerichtlichen Beschluss voraus, der auf einen entsprechenden Scheidungsantrag hin ergeht.

I. Zulässigkeit des Scheidungsantrags

1. Zuständiges Gericht

a) Sachliche Zuständigkeit: § 23 a Abs. 1 S. 1 Nr. 1 GVG i.V.m. § 111 Nr. 1 FamFG
b) Funktionelle Zuständigkeit: § 23 b Abs. 1 GVG
c) Örtliche Zuständigkeit: § 122 FamFG

2. Postulationsfähigkeit

Anwaltszwang, vgl. § 114 Abs. 1 FamFG

3. Scheidungsantrag, §§ 124, 133 FamFG

- Angaben über gemeinschaftliche minderjährige Kinder
- Angaben zu bestimmten Scheidungsfolgesachen, § 133 Abs. 1 Nr. 2 FamFG
- Angaben über anderweitige Verfahren in anderen Familiensachen
- § 113 Abs. 5 FamFG: Beteiligtenbezeichnungen lauten Antragsteller und Antragsgegner

II. Begründetheit des Scheidungsantrags

Scheidung (+), wenn Ehe gescheitert (sog. Zerrüttungsprinzip)

1. Zerrüttungsvermutungen (bindend)

a) § 1566 Abs. 2: Getrenntleben (§ 1567) von drei Jahren
b) § 1566 Abs. 1: Getrenntleben (§ 1567) von einem Jahr und übereinstimmender Scheidungswille

Getrenntleben liegt nach § 1567 Abs. 1 vor, wenn die häusliche Gemeinschaft der Eheleute aufgehoben wurde (objektiver Tatbestand) und ein Ehegatte sie erkennbar nicht mehr herstellen will (subjektiver Tatbestand). Maßgeblich für den **Ablauf der Trennungszeit** ist die letzte mündliche Verhandlung im Scheidungsprozess.

2. Positive Prüfung der Zerrüttung, § 1565 Abs. 1 S. 2

- Getrenntleben (§ 1567) von einem Jahr
- Analyse: Lebensgemeinschaft der Eheleute besteht nicht mehr
- Prognose: Wiederaufnahme der ehelichen Lebensgemeinschaft ist nicht zu erwarten

3. Härtefallscheidung

- Getrenntleben (§ 1567) von weniger als einem Jahr
- Voraussetzungen des § 1565 Abs. 1 S. 2 (+)
- Fortsetzung der Ehe stellt eine unzumutbare Härte dar (wichtig: Gründe dafür müssen in der Person des anderen Ehegatten liegen!)

4. Härteklausel, § 1568

- Kinderschutzklausel
- Ehegattenschutzklausel

III. Scheidungsbeschluss: Die Auflösung der Ehe gilt ab Rechtskraft des Scheidungsbeschlusses.

5. Teil: Elterliche Sorge und Umgang

Fall 9: Elterliche Sorge für Johannes und Daniela

Die Eheleute Andreas und Petra Kramer haben im Jahre 2000 vor dem Standesamt Frankfurt die Ehe geschlossen. Aus der Ehe sind der im Januar 2005 geborene Johannes und die im Juli 2009 geborene Daniela hervorgegangen. Die Eheleute haben sich im Sommer 2018 getrennt, leben aber nach wie vor in Frankfurt. Die Kinder befinden sich bei ihrer Mutter, weil der Vater, der als Politiker tätig ist, sich nicht kontinuierlich um die Kinder kümmern kann. Petra stellt im Juni 2019 beim Amtsgericht – Familiengericht – Frankfurt den Antrag auf Übertragung der alleinigen elterlichen Sorge. Andreas stimmt sowohl dem Antrag als auch dem Aufenthalt der Kinder bei der Mutter zu. Die Kinder werden vom Richter am 14.06.2019 angehört. Sie erklären beide, sie würden sich mit beiden Elternteilen gut verstehen und wünschen, dass die Eltern nach wie vor gemeinsam für sie verantwortlich sind. Die alleinige elterliche Sorge nur eines Elternteils lehnen sie ab. Die Eltern erklären in der mündlichen Verhandlung vor dem Richter, dass sie sich in Sachen Kindererziehung im Wesentlichen einig sind und auch seit der Trennung keine Schwierigkeiten insoweit bestehen.

Wie wird das Gericht entscheiden?

Der Antrag der Mutter auf Übertragung der alleinigen elterlichen Sorge für das Kind Daniela sowie das Kind Johannes könnte zulässig und begründet sein.

Die elterliche Sorge umfasst gemäß § 1626 Abs. 1 S. 2 die Personen- und Vermögenssorge für das Kind.

I. Zulässigkeit der Anträge

1. Das Verfahren betreffend die Übertragung der elterlichen Sorge ist nach **§ 151 Nr. 1 FamFG eine Kindschaftssache**. Derartige Verfahren sind nach § 155 Abs. 2 FamFG beschleunigt durchzuführen. Betroffene Kinder sind nach § 159 FamFG vom entscheidenden Richter grundsätzlich persönlich anzuhören.

2. Das angerufene Amtsgericht – Familiengericht – Frankfurt ist für die Anträge betreffend die elterliche Sorge **zuständig**.

Die **sachliche Zuständigkeit** des Amtsgerichts ergibt sich aus § 23 a Abs. 1 S. 1 Nr. 1 GVG, § 111 Nr. 2 FamFG.

Die **örtliche Zuständigkeit** folgt aus § 152 Abs. 2 FamFG. Danach ist der Aufenthalt der Kinder ausschlaggebend; dieser befindet sich in Frankfurt.

Die **funktionelle Zuständigkeit** des Familiengerichts ist § 23 b Abs. 1 GVG zu entnehmen.

Ergebnis: Die Zulässigkeit der Anträge ist gegeben.

II. Begründetheit der Anträge

1. Der **Antrag der Mutter auf Übertragung der elterlichen Sorge für das Kind Johannes** wäre begründet, wenn die Voraussetzungen des **§ 1671 Abs. 1 S. 1 i.V.m. S. 2 Nr. 1 bzw. Nr. 2** vorliegen.

Die gemeinsame elterliche Sorge ist trotz Trennung der Eltern der normative Regelfall.

a) Grundlage für die Entscheidung ist gemäß **§ 1671 Abs. 1**, dass es sich bei Johannes um ein gemeinschaftliches Kind der Parteien handelt und diesen die elterliche Sorge gemeinschaftlich zusteht, § 1626 Abs. 1. Ferner leben die Eltern nicht nur vorübergehend getrennt voneinander. Auch sieht § 1671 Abs. 1 die Übertragung der alleinigen elterlichen Sorge auf einen Elternteil für den Fall der Trennung der Eltern vor.

b) Die Tatbestandsvoraussetzungen des **§ 1671 Abs. 1 S. 2 Nr. 1** sind jedoch nicht erfüllt.

Zwar hat der Vater dem Antrag der Mutter i.S.d. § 1671 Abs. 1 S. 2 Nr. 1 zugestimmt. Jedoch scheitert die Aufhebung der gemeinsamen Sorge am Widerspruch des 14 Jahre alten Kindes Johannes. Dieser hat vor dem Richter in der persönlichen Anhörung vom 14.06.2019 erklärt, dass er die Beibehaltung der gemeinsamen Sorge wünsche. Diese Äußerung des Kindes ist als Widerspruch gegen den einvernehmlichen Vorschlag der Eltern zu werten, da sich Johannes eindeutig für die Fortdauer der bestehenden Sorgerechtslage ausgesprochen hat und keine übertrieben hohen Anforderungen an die Form des Widerspruchs geknüpft werden dürfen.

c) Auch die Voraussetzungen des **§ 1671 Abs. 1 S. 2 Nr. 2** liegen nicht vor, da die Aufhebung der gemeinsamen Sorge für das Kind Johannes gegenüber der Beibehaltung der gemeinsamen Sorge nicht die bessere Sorgealternative darstellt.

Die Übertragung der elterlichen Sorge auf den Antragsteller käme insoweit nur in Betracht, wenn das Gericht nach einer am Kindeswohl orientierten, § 1697 a, zweistufigen Prüfung

aa) die Erwartung hätte, dass die Aufhebung der gemeinsamen Sorge dem Wohl des Kindes am besten entspricht und

bb) die Erwartung hätte, dass die Übertragung der elterlichen Sorge auf den Antragsteller dem Wohl des Kindes am besten entspricht.

Die Ausübung der gemeinsamen elterlichen Sorge setzt eine ausreichende Gesprächsbereitschaft der Eltern in Kindesangelegenheiten voraus.

Beide Elternteile haben in ihren Anhörungen übereinstimmend erklärt, dass sie sich in den wesentlichen Fragen der Erziehung bisher einig sind und insoweit auch seit der Trennung kein Streit zwischen ihnen besteht. Dies wurde von Johannes im Übrigen bestätigt, dessen Willen die Beibehaltung der gemeinsamen Sorge entspricht.

Die für die weitere Ausübung der gemeinsamen Sorge notwendige Kooperationsbereitschaft der Eltern besteht daher offensichtlich, wie die reibungslose Verständigung seit der Trennung belegt. Insoweit ist eine beachtenswerte erhebliche Beeinträchtigung des Kindeswohls nicht zu befürchten.

Darüber hinaus ist hinsichtlich der Angelegenheiten des täglichen Lebens, **§ 1687 Abs. 1 S. 2**, das Alleinentscheidungsrecht des betreuenden Antragstellers zu beachten. Dies befähigt die Mutter, die täglich anfallenden, nicht den wesentlichen zuzuordnenden Entscheidungen für Johannes allein und ohne vorherige Rücksprache mit dem Vater zu treffen.

d) Auch eine Übertragung des **Aufenthaltsbestimmungsrechts** auf die Mutter bei Beibehaltung der gemeinsamen Sorge im Übrigen ist nicht erforderlich. Der Vater ist damit einverstanden, dass Johannes bei der Mutter wohnt.

Ergebnis: Der Antrag auf Übertragung der elterlichen Sorge für Johannes auf die Mutter ist nicht begründet.

Exkurs:

Die gemeinsame elterliche Sorge setzt eine tragfähige soziale Beziehung der Eltern voraus. Fehlt es daran, weil die Eltern nur noch streiten, ist die Erwartung begründet, dass die Aufhebung der gemeinsamen Sorge dem Wohl des Kindes am besten entspricht.

Das Gericht prüft daraufhin, ob die Übertragung der elterlichen Sorge auf den Antragsteller dem Wohl des Kindes am besten entspricht.

Die maßgeblichen Kriterien dafür sind:

- **Förderungsprinzip:** Das Förderungsprinzip fragt danach, welcher der Elternteile für die Persönlichkeitsentwicklung des Kindes am meisten tun kann.
- **Kontinuitätsgrundsatz:** Die Entwicklung des Kindes soll durch die Trennung der Eltern möglichst wenig beeinträchtigt werden. Deshalb ist eine Lösung vorzuziehen, die den Kindern wenig Veränderung abverlangt, damit sie Verhaltenskonstanten aufbauen können.
- **Kindesbindungen:** Die normale emotionale Entwicklung des Kindes bedarf auch der persönlichen Kontinuität. Insbesondere ist eine Geschwistertrennung zu vermeiden.
- **Kindeswille:** Der Kindeswille spielt vor allen Dingen mit zunehmendem Alter ebenfalls eine Rolle.

Soweit im vorliegenden Fall die Eltern zerstritten gewesen wären, hätte diese Prüfung vom Gericht praktiziert werden müssen. Aufgrund der beruflichen Belastung des Vaters wäre eine Übertragung der elterlichen Sorge auf die Mutter entsprechend der genannten Kriterien zu befürworten.

2. Der **Antrag der Mutter auf Übertragung der elterlichen Sorge für Daniela** ist begründet, da eine einvernehmliche Regelung der Eltern und kein (relevanter) Widerspruch des Kindes vorliegt, § 1671 Abs. 1 S. 1 i.V.m. S. 2 Nr. 1.

a) Hinsichtlich der Voraussetzungen für die Anwendbarkeit des § 1671 sowie der Zustimmung des Vaters wird auf die oben gemachten Ausführungen verwiesen.

b) Daniela hat in ihrer Anhörung zwar der alleinigen Übertragung der elterlichen Sorge auf die Kindsmutter widersprochen. Da sie jedoch noch nicht das 14. Lebensjahr vollendet hat, ist ihr Widerspruch unbeachtlich.

c) Im Falle der Elterneinigung ist das Gericht an den Willen der Eltern gebunden, d.h. eine Prüfung im Sinne einer Richtigkeitskontrolle oder Auswahlermessen ist nicht möglich. Auch die Motive der Eltern sind grundsätzlich unerheblich.

Ergebnis: Das Gericht wird antragsgemäß entscheiden, soweit es die elterliche Sorge für Daniela betrifft.

Fall 10: Umgangsrechte eines biologischen Vaters

Frank (F), der aus Nigeria stammt, lebt als Asylbewerber in Deutschland. Claudia (C) lernte F im Jahre 2017 kennen. Aus der anschließenden Liebesbeziehung zu ihm gingen die beiden 2018 als Zwillinge geborenen Kinder Rico und Jan hervor. Die Abstammung der beiden Kinder von F ist unzweifelhaft. C ist mit Kurt (K) verheiratet und war dies auch bei der Geburt der beiden Kinder. C und K haben bereits drei Kinder (Dieter, Sabine und Leon), die derzeit zwischen sechs und zehn Jahre alt sind. C und K leben mit allen fünf Kindern zusammen. Sie teilen sich die Versorgung und Pflege der beiden Zwillinge.

F begehrt nunmehr die Einräumung des Umgangs mit seinen Kindern Rico und Jan. Er habe als leiblicher Vater ein Recht auf den Umgang mit seinen Kindern. Dieses könne nur dann längerfristig gesichert werden, wenn er sich in Deutschland aufhalten könne. Um seine Abschiebung zu verhindern und damit den späteren Kontakt zu den Kindern erst zu ermöglichen, sei es erforderlich, schon jetzt, im frühen Alter der Kinder, eine tatsächliche Beziehung zu begründen. Für ihn stehe aber nicht die Aufenthaltssicherung, sondern der Kontakt mit seinen Kindern im Vordergrund. Der Kontakt zu dem leiblichen Vater sei das Recht der Kinder; daher entspreche der Umgang mit ihm auch deren Wohl. Zwar habe er bisher keine tatsächliche Verantwortung für die Kinder getragen; hierzu habe aber auch noch keine Möglichkeit bestanden, da die Kinder erst im Dezember 2018 auf die Welt gekommen seien. Daher könne ihm nicht per se das Umgangsrecht abgesprochen werden. C und K verweigern F den Umgang mit Rico und Jan, da sie der Auffassung sind, dass ein Umgangsrecht nicht besteht.

Wie ist die Rechtslage?

Das Umgangsrecht des F[12]

I. Ein Umgangsrecht könnte sich aus **§ 1684 Abs. 1** herleiten lassen. Danach ist jeder Elternteil zum Umgang mit dem Kind verpflichtet und berechtigt.

1. F ist unzweifelhaft der biologische Vater von Rico und Jan.

2. Allerdings ist Elternteil i.S.v. § 1684 Abs. 1 nur der **rechtliche Vater**.

F steht daher kein Umgangsrecht nach § 1684 Abs. 1 zu, da er nicht der (rechtliche) Vater der beiden Kinder Rico und Jan ist. Eltern i.S.v. § 1684 sind nach allgemeiner Meinung[13] nur die gesetzlich legitimierten Eltern, nicht dagegen der biologische Vater, da nur derjenige zum Umgang mit dem Kind verpflichtet werden kann, der auch (rechtliche) Elternverantwortung trägt. Dies schließt es aus, auch den biologischen Vater eines Kindes, der die rechtliche Vaterposition gerade nicht einnimmt, unter den Elternbegriff des § 1684 Abs. 1 zu subsumieren.

---

12 Fall nach OLG Karlsruhe NJW 2007, 922 ff.
13 Vgl. BVerfG NJW 2003, 2151.

Die Anfechtung der Vaterschaft des K ist derzeit ebenfalls nicht möglich, da die Kinder Rico und Jan mit ihrem rechtlichen Vater in einer sozial-familiären Beziehung leben (§ 1600 Abs. 2).

Nach § 1592 Nr. 1 ist Vater des Kindes der Mann, der zum Zeitpunkt der Geburt mit der Mutter des Kindes verheiratet ist. Dies ist somit K. Hingegen besteht derzeit keine rechtliche Vaterschaft des F. Solange die Vaterschaft des K besteht, kann F die Vaterschaft nicht anerkennen (§ 1594 Abs. 2).

Ergebnis: Somit ergibt sich für F kein Umgangsrecht aus § 1684 Abs. 1.

II. Das Umgangsrecht des F könnte sich aus **§ 1685 Abs. 2** ergeben. Danach haben enge Bezugspersonen des Kindes ein Recht auf Umgang mit dem Kind, wenn diese für das Kind tatsächliche Verantwortung tragen oder getragen haben und der Umgang mit dem Kind dessen Wohl dient.

1. Es ist anerkannt, dass der leibliche Vater des Kindes grundsätzlich als eine **enge Bezugsperson** in diesem Sinne in Betracht kommt.

2. Allerdings muss auch er die übrigen Voraussetzungen erfüllen, insbesondere in einer **sozial-familiären Beziehung** zu dem Kind stehen oder gestanden haben.[14]

Hieran fehlt es. F trägt keinerlei tatsächliche Verantwortung für die beiden Zwillinge. Diese teilen sich vielmehr die beiden rechtlichen Eltern, die die Zwillinge wie ihre drei älteren gemeinsamen Kinder in gemeinsamer Verantwortung aufziehen. F hat auch in der Vergangenheit nie Verantwortung für die Kinder getragen.

III. Eine **Erweiterung des Umgangsrechts nach § 1684 Abs. 1** ist auch nicht mit Blick auf die Grundrechtsgewährleistungen aus Art. 6 GG geboten.

Das Umgangsrecht gehört zum verfassungsrechtlich geschützten Elternrecht.

Inhaber des Elternrechts aus Art. 6 Abs. 2 GG ist, wer zugleich die Elternverantwortung trägt, unabhängig davon, ob sich die Elternschaft auf Abstammung oder auf Rechtszuweisung gründet. Inhaber dieser Rechtsposition ist vorliegend der K, der seine Elternrechte und -pflichten nicht allein dadurch verliert, dass die leibliche Vaterschaft des F feststeht. Daneben kommt eine elterliche Verantwortung des biologischen Vaters nicht in Betracht; das Nebeneinander von zwei Vätern entspricht nicht der Vorstellung von elterlicher Verantwortung, die Art. 6 Abs. 2 S. 1 GG zugrunde liegt.

Es verstößt damit nicht gegen Grundrechte des lediglich biologischen Vaters aus Art. 6 Abs. 2 GG, das Umgangsrecht aus § 1684 an die rechtliche Elternstellung zu knüpfen.

IV. Das Umgangsrecht könnte sich aus **§ 1685 Abs. 2 i.V.m. Art 6 Abs. 1 GG** herleiten, da F den Wunsch hat, eine sozial-familiäre Beziehung zu seinen Kindern für die Zukunft aufzubauen.

Auch mit Blick auf die Gewährleistung des Art. 6 Abs. 1 GG ist es nicht geboten, F ein Umgangsrecht mit den Zwillingen einzuräumen.

Art. 6 Abs. 1 GG schützt die Beziehung des leiblichen, aber nicht rechtlichen Vaters zu seinem Kind, wenn zwischen ihm und dem Kind eine soziale Beziehung besteht, die darauf beruht, dass er zumindest eine Zeit lang tatsächliche Verantwortung für das Kind getragen hat. Art. 6 Abs. 1 GG schützt das Interesse am Erhalt dieser sozial-familiären Beziehung und damit am Umgang miteinander. Der Schutz des Art. 6 Abs. 1 GG entsteht jedoch nicht

14 Palandt/Götz § 1685 Rn. 9.

schon aus dem Wunsch, eine sozial-familiäre Beziehung zu dem Kind entstehen zu lassen. Soweit eine schützenswerte Beziehung zwischen dem Kind und der Bezugsperson niemals entstanden ist, ist es daher auch unter dem Aspekt der Grundrechtsgewährleistung nicht geboten, ein Umgangsrecht nach § 1685 Abs. 2 einzuräumen.

V. Das Umgangsrecht des F kann aber aus **§ 1686 a** hergeleitet werden, wenn F nachhaltig Interesse am Kind zeigt. Die Vorschrift des § 1686 a wurde durch das Gesetz zur Stärkung der Rechte leiblicher Väter eingeführt. Danach hat der leibliche Vater, der ein ernsthaftes Interesse an dem Kind zu Recht hat, ein Recht auf Umgang mit dem Kind, wenn der Umgang dem Kindeswohl dient.[15]

Dabei kommt es nicht darauf an, aus welchem Grund bisher noch keine tatsächliche Beziehung zwischen dem Kind und seinem biologischen Vater entstanden ist, denn der grundrechtliche Schutz knüpft an das tatsächliche Bestehen einer Beziehung an.

1. F ist der biologische Vater von Rico und Jan.[16]

2. Dass der biologische Vater ein ernsthaftes Interesse an seinen Kindern hat, ist grundsätzlich zu vermuten. Im vorliegenden Fall sprechen keine Gründe dagegen, das heißt, es ist den Erklärungen des F insoweit Glauben zu schenken. Jedenfalls sprechen auch seine Kontaktbemühungen dafür, dass er es mit seiner Vaterschaft ernst meint.

3. Schließlich ist auch davon auszugehen, dass der Umgang **dem Kindeswohl dient**. Kinder haben grundsätzlich ein Interesse daran, mit ihren leiblichen Eltern in Kontakt zu stehen. Andererseits ist zu berücksichtigen, dass ein **intakter Familienverband** zu schützen ist. Im vorliegenden Fall bestehen jedoch keine Anhaltspunkte dafür, dass die Familie und insbesondere das Verhältnis zum rechtlichen Vater durch den Umgang mit F in Mitleidenschaft gezogen werden.

Ergebnis: Das Umgangsrecht des F ergibt danach sich aus § 1686 a Abs. 1 Nr. 1 BGB.

---

15 Der EGMR leitete dies aus Art. 8 EMRK ab, vgl. EGMR FamRZ 2011, 1715.

16 Verfahrensrechtlich ist § 167a FamFG zu beachten.

Fall 11: Der ausgefallene Dänemark-Urlaub

Die Ehe von Klaus (K) und Viola (V) wird im Juli 2018 geschieden. Die elterliche Sorge für die gemeinsamen Töchter Laura und Melanie überträgt das Familiengericht der Mutter. Der Vater hat ein Umgangsrecht. Die gerichtliche Vereinbarung schreibt dazu fest, dass der Vater berechtigt ist, mit seinen beiden Töchtern einen Urlaub in Dänemark im August 2018 zu verleben. K buchte den Urlaub für sich, seine neue Ehefrau und die Kinder. Am Abreisetag hat V die Kinder unberechtigt nicht herausgegeben. K ist daraufhin mit seiner neuen Ehefrau ebenfalls nicht nach Dänemark gereist, sodass der Urlaub komplett ausgefallen ist. Er verlangt nunmehr von V Schadensersatz i.H.v. 2.400 € (Buchungskosten pro Person 600 €). V behauptet, die Kinder hätten mit ihrem Vater nicht in den Urlaub fahren wollen. Des Weiteren hätte der K eine Reiserücktrittsversicherung abschließen sollen, um den Schaden zu verhindern. Auch hätten zumindest K und seine neue Ehefrau den Urlaub wahrnehmen können.

Wie ist die Rechtslage?

Anspruch des K gegen V auf Schadensersatz

A. Der Anspruch des K auf Erstattung der Reisekosten könnte sich aus **§ 280 Abs. 1** ergeben. Dann müssten die Voraussetzungen der Anspruchsgrundlage vorliegen.

Eine Erklärung, durch die ein Elternteil auf Umgang mit seinen Kindern verzichtet, ist nach § 134 nichtig.

I. § 280 Abs. 1 erfasst mit dem Begriff **„Schuldverhältnis"** neben Verträgen auch gesetzliche Schuldverhältnisse. Das jedem Elternteil gemäß § 1684 Abs. 1 eröffnete Recht zum Umgang mit dem Kind begründet zwischen dem Umgangsberechtigten und dem zur Gewährung des Umgangs Verpflichteten ein solches gesetzliches Schuldverhältnis familienrechtlicher Art, das durch § 1684 Abs. 2 näher ausgestaltet wird und an dem das Kind als Begünstigter teilhat.[17]

II. Ferner müsste eine **Pflichtverletzung** i.S.v. § 280 Abs. 1 vorliegen. Nach § 241 Abs. 2 werden hiervon auch Nebenpflichten, wie Schutz- und Mitwirkungspflichten erfasst.

Entsprechend der gerichtlichen Vereinbarung war K berechtigt, mit seinen Töchtern in den Urlaub zu fahren. Dies schließt grundsätzlich die Befugnis des zur Gewährung des Umgangs Verpflichteten aus, die Wahrnehmung des so konkretisierten Umgangsrechts durch den anderen Elternteil zu verweigern.

Einen rechtfertigenden Grund für die dennoch verweigerte Herausgabe der beiden Kinder am Abreisetag hat die V nicht vorgetragen. Soweit V sich darauf beruft, die Kinder hätten nicht gewollt, ist auch dies unbeachtlich, da die V verpflichtet war, auf die Kinder derart einzuwirken, dass diese den Umgang mit K in dem geplanten Urlaub ausüben.

17 BGH FamRZ 2002, 1099.

III. Das **Vertretenmüssen** wird vermutet.

Insoweit greift die in § 280 Abs. 1 S. 2 verankerte Beweislastumkehr ein. Anhaltspunkte, die den Gegenbeweis für eine unverschuldete Pflichtverletzung stützen könnten, sind nicht ersichtlich.

IV. Durch die Pflichtverletzung müsste dem K ein **zurechenbarer kausaler Schaden** entstanden sein.

1. Der Schutzzweck der Umgangsberechtigung muss vor dem eingetretenen Schaden schützen.

a) Die mit der Ausübung des Umgangsrechts verbundenen Kosten sind grundsätzlich vom Umgangsberechtigten zu tragen. Allerdings beinhaltet das gesetzliche Schuldverhältnis auch die in § 1684 Abs. 2 S. 1 verankerte Nebenpflicht des zur Unterhaltsgewährung Verpflichteten, bei der Gewährung des Umgangs auf die Vermögensbelange des Umgangsberechtigten Rücksicht zu nehmen und diesem die Wahrnehmung seines Umgangsrechts mit dem Kind nicht durch die Auferlegung unnötiger Kosten bzw. Aufwendungen zu erschweren oder für die Zukunft zu verleiden.

b) Obwohl K den gesamten Reisepreis zahlen musste und die Reise nicht angetreten hat, hat die V jedoch nur 50% des Schadens zurechenbar verursacht.

Eine Schadensersatzpflicht besteht nach den Grundsätzen der **psychisch vermittelten Kausalität,** wenn die Handlung des Verletzten durch das haftungsbegründende Ereignis **herausgefordert** worden ist und eine nicht ungewöhnliche Reaktion auf dieses darstellt.

Dass die Reise vollständig ausfiel, beruhte nicht nur auf der Weigerung der V, sondern auch auf dem Willensentschluss des K, ohne seine beiden Töchter mit seiner Ehefrau allein nicht in Urlaub zu fahren. Es handelt sich insoweit um eine **psychisch vermittelte Kausalität**. Eine Ersatzpflicht kommt zwar grundsätzlich auch dann in Betracht, wenn der Schaden durch eine Handlung verursacht wurde, die auf einem Willensentschluss des Verletzten beruhte, aber nur dann, wenn die Handlung des Verletzten durch das haftungsbegründende Ereignis herausgefordert worden ist und eine nicht ungewöhnliche Reaktion auf dieses darstellt. Voraussetzung ist insoweit auch, dass der Schaden nach Art und Entstehung nicht außerhalb der Wahrscheinlichkeit liegt und unter den Schutzzweck der Norm fällt. Die Urlaubskosten von zwei Erwachsenen und zwei Kindern betrugen pro Person 600 €. Somit hatte K Aufwendungen für die Kinder i.H.v. insgesamt 1.200 €, die er aufgrund der Umgangsverweigerung nutzlos aufwandte. Dass K jedoch wegen der Umgangsverweigerung den Urlaub vollständig ausfallen ließ und somit den vollen Urlaubspreis nutzlos aufwandte, ist vom Schutzzweck, dem Sinn und Zweck des Umgangsrechts, nicht mehr umfasst. Sinn und Zweck des Umgangsrechts ist es, dem nicht betreuenden Elternteil die Möglichkeit zu geben, sich laufend von der Entwicklung und dem Wohlergehen des Kindes zu überzeugen und die zwischen ihnen bestehenden Bindungen zu pflegen. Dies beinhaltet grundsätzlich auch das Recht, mit den Kindern einen Urlaub zu verleben. Sinn und Zweck des Umgangsrechts ist es jedoch nicht, dass der nicht betreuende Elternteil nur wegen der Kinder einen Urlaub bucht. Wenn der nicht betreuende Elternteil keinen Urlaub plant, wird der Zweck des Umgangsrechts auch erreicht, wenn er während seiner arbeitsfreien Zeit einen längeren Zeitraum mit den Kindern bei ihm zu Hause verbringt. Auch widerspricht es dem Kindeswohl, wenn den Kindern vermittelt würde, dass ein teurer Erholungsurlaub nur ihretwegen gebucht worden wäre. Lediglich bei der Auswahl des Ferienorts sollten die Wünsche der Kinder neben den Wünschen des nicht betreuenden Elternteils berücksichtigt werden.

Somit beträgt der zurechenbare Schaden 1.200 €.

2. Ein **Mitverschulden**, § 254, wegen fehlender Reiserücktrittsversicherung könnte zu berücksichtigen sein.

Die nicht abgeschlossene Reisekostenrücktrittsversicherung begründet kein Mitverschulden. Da weder die Kinder noch K oder seine Ehefrau durch eine Erkrankung an der Reise gehindert waren, hätten die Stornierungskosten auch durch eine derartige Versicherung nicht aufgefangen werden können.

Ergebnis: K hat einen Anspruch auf Schadensersatz gegen V gemäß § 280 Abs. 1 auf Erstattung nutzloser Aufwendungen i.H.v. 1.200 €.

B. K könnte weiterhin den genannten Anspruch gegen V aus **§ 823 Abs. 1** haben.

I. Dann müsste es sich beim Umgangsrecht zunächst um ein **„sonstiges Recht"** nach § 823 Abs. 1 handeln, welches die V verletzt hat.

1. Nach h.M. sind unter sonstigen Rechten i.S.v. § 823 Abs. 1 nur **absolute Rechte**, d.h. von jedermann zu beachtende Rechte zu verstehen.

§ 823 Abs. 1 schützt absolute Rechtsgüter und Rechte. Die Vorschrift zählt aber nur das Recht „Eigentum" konkret auf; alles Übrige sind Rechtsgüter. „Sonstige Rechte" müssen daher mit dem Eigentum vergleichbar, d.h. eigentumsähnlich sein, um Schutz mittels § 823 Abs. 1 erlangen zu können.

Sonstige Rechte müssen entsprechend dem Wortlaut des § 823 Abs. 1 („Eigentum oder sonstige Rechte") eigentumsähnlich sein, wobei sich das Eigentum insbesondere durch Nutzungs- und Ausschlussfunktion auszeichnet und die sonstigen Rechte dementsprechend ebenfalls diese beiden Funktionen aufweisen müssen.

2. Fraglich ist, ob das Umgangsrecht als „sonstiges Recht" in Betracht kommt.

Das **elterliche Sorgerecht** ist als sonstiges Recht i.d.S. anerkannt. Das Sorgerecht steht dem Sorgerechtsinhaber gegenüber jedem Dritten, einschließlich des anderen Elternteils zu, soweit kein gemeinsames Sorgerecht besteht.

Es umfasst insbesondere das Recht, die Herausgabe des Kindes gemäß § 1632 von jedem zu verlangen, der es widerrechtlich vorenthält, und schließt die Befugnis ein, den Umgang des Kindes mit Wirkung für und gegen Dritte zu bestimmen (§ 1632 Abs. 2). Nutzungs- und Ausschlussfunktion sind somit beim elterlichen Sorgerecht zu bejahen.

Problematisch ist hingegen das **Umgangsrecht**. Nach einer Ansicht ist die Umgangsbefugnis des nicht sorgeberechtigten Elternteils ein relatives Recht, das nur im Verhältnis zum sorgeberechtigten Elternteil Rechte und Pflichten entfaltet und in der Regel von einem Dritten nicht gestört werden kann.

Die überwiegende Meinung bejaht hingegen ein „sonstiges Recht", da das Umgangsrecht ein dem Berechtigten verbliebener Teil der elterlichen Gewalt sei und gegenüber jedem, in dessen Obhut sich das Kind befindet, besteht.[18]

---

18 So OLG Frankfurt NJW-RR 2005, 1339; offengelassen von BGH FamRZ 2002, 1099.

Somit hat die V durch die verweigerte Herausgabe der Kinder ein „sonstiges Recht" nach § 823 Abs. 1 verletzt.

II. Einen **rechtfertigenden Grund** für die verweigerte Herausgabe der beiden Kinder am Abreisetag hat die V nicht vorgetragen. Ihr Verhalten war **schuldhaft** nach § 276, da sie die Vereinbarung mit K einhalten musste.

III. Der ersatzfähige **Schaden** beträgt 1.200 €. Es kann insoweit auf die bereits gemachten Ausführungen verwiesen werden.

Ergebnis: Der Anspruch des K gegen V auf Zahlung von 1.200 € ergibt sich auch aus § 823 Abs. 1.

6. Teil: Der Zugewinnausgleich

Fall 12: Problematisches Anfangsvermögen

Ehemann M und Ehefrau F schließen am 01.04.1997 die Ehe und leben im gesetzlichen Güterstand der Zugewinngemeinschaft. F wendet sich im Jahre 2017 einem neuen Partner zu. Der Scheidungsantrag der F wird am 31.12.2018 beim zuständigen Familiengericht eingereicht; die Zustellung an M erfolgt am 15.01.2019. Die Ehe wird daraufhin am 18.06.2019 rechtskräftig geschieden.

F erscheint nunmehr in der Kanzlei von RA Schmitt und möchte beraten werden über den Ausgleich des Zugewinns. Dazu trägt sie Folgendes vor:

Sie (F) habe bei Eheschließung infolge eines Ausbildungskredits 12.000 € Schulden gehabt.

Vermögen habe sie zum damaligen Zeitpunkt noch nicht gehabt; allerdings sei sie Eigentümerin eines älteren VW-Golf gewesen mit einem Wert von 2.000 €.

Am 12.12.2018 habe sie eine Lebensversicherung ausgezahlt bekommen, als deren Bezugsberechtigte sie eingetragen gewesen ist. Die Lebensversicherung hatte ihr Vater abgeschlossen, der damals bei einem Autounfall ums Leben gekommen war. Es handelt sich um 48.000 €.

Der Betrag von 48.000 € befand sich bislang auf ihrem Girokonto und ist nunmehr ihrem neuen Freund am 10.01.2019 als Darlehen zur Verfügung gestellt worden, damit dieser sich mit diesem Geld selbstständig machen konnte.

F hatte am 15.01.2017 auf ihrem Girokonto bei der Sparkasse 8.000 €.

M hatte bei Eheschließung eine Immobilie im damaligen Wert von 150.000 €; berücksichtigt man den sog. Kaufkraftschwund (Inflationsrate), entspricht der damalige Betrag von 150.000 € nach jetzigen Verhältnissen 185.000 €.

Der Wert dieser Immobilie ist im Januar 2019 mit 220.000 € einzuschätzen gewesen.

Des Weiteren hatte M im Jahre 1997 ein Motorrad der Marke Honda. Dieses war kurz vor Eheschließung für 5.000 € angeschafft worden. Das Motorrad wurde 2002 für 2.000 € verkauft.

Schließlich bestand zum Stichtag ein Guthaben auf dem Girokonto des M i.H.v. 4.800 €.

F möchte nunmehr von RA Schmitt gutachtlich dargelegt bekommen, ob und in welcher Höhe sie einen Anspruch auf Zugewinnausgleich hat.

Anm.: Der Kaufkraftschwund ist bei der Berechnung des Zugewinns nur insoweit zu berücksichtigen, als der Sachverhalt dazu Angaben macht.

Der Zugewinnausgleichsanspruch der F gegen M

Der Anspruch auf Zugewinnausgleich ergibt sich aus **§ 1378 Abs. 1**.

Nach § 1378 steht einem Ehegatten Zugewinnausgleich zu, soweit der Zugewinn des anderen Ehegatten den Zugewinn des fordernden Ehegatten übersteigt; die Ausgleichsforderung beträgt die Hälfte des Überschusses, § 1378 Abs. 1.

Die Voraussetzungen der Anspruchsgrundlage könnten vorliegen.

I. Die Beteiligten haben eine wirksame Ehe im Jahre 1997 geschlossen und im Güterstand der **Zugewinngemeinschaft** gelebt.

II. Der Güterstand wurde zu Lebzeiten beider Ehegatten (§ 1372) durch Scheidung am 18.06.2019 aufgelöst.

III. Der **Zugewinn** des M müsste den Zugewinn der F **übersteigen** (§ 1378 Abs. 1).

Insoweit ist nunmehr sowohl der von M als auch der von F während der Ehe erzielte Zugewinn zu ermitteln und zu vergleichen.

1. Der **Zugewinn der F** ermittelt sich durch einen Vergleich des Anfangsvermögens mit dem Endvermögen.

a) Das Anfangsvermögen der F bestimmt sich nach **§ 1374.**

Das Anfangsvermögen soll jenes Vermögen dem ausgleichspflichtigen Zugewinn entziehen, das selbst bei typisierender Betrachtung nicht auf das gemeinsame Wirtschaften zurückzuführen ist.

aa) Zum Anfangsvermögen eines Ehegatten gehören alle rechtlich geschützten Positionen mit wirtschaftlichem Wert, die ihm vor dem Eintritt des Güterstandes, in der Regel also im Zeitpunkt der Eheschließung, gehörten (sog. **originäres Anfangsvermögen, § 1374 Abs. 1**).

Die Berechnung erfolgt grundsätzlich durch Summierung aller Aktiva und Abzug aller Verbindlichkeiten. Liegen bei Eheschließung größere Verbindlichkeiten vor, so kann das Anfangsvermögen durchaus auch negativ sein, vgl. § 1374 Abs. 3.

Die F hatte ein negatives Anfangsvermögen, weil dem Wert des Autos i.H.v. 2.000 € Verbindlichkeiten i.H.v. 12.000 € gegenüberstanden.

Somit ergibt sich ein negatives Anfangsvermögen der F in Höhe von 10.000 €.

bb) Die F hat aufgrund der **Lebensversicherung** ihres Vaters während der Ehe 48.000 € ausgezahlt bekommen.

Zum Anfangsvermögen gehören auch diejenigen Vermögenswerte, die eine Partei während der Ehe durch Erbgang oder andere in § 1374 Abs. 2 genannte Erwerbsvorgänge erhalten hat (sog. **privilegiertes Anfangsvermögen, § 1374 Abs. 2**).

Mit dem Zugewinnausgleich sollen grundsätzlich nur solche Vermögenswerte ausgeglichen werden, die während der Ehe durch Arbeit, gewinnbringende Vermögensverwendung usw. entstanden sind. Dagegen soll Vermögen, das ein Ehegatte von einem Dritten unentgeltlich oder aufgrund besonderer persönlicher Beziehungen erhalten hat, nicht aus-

Der Zugewinnausgleich ist ein besonders beliebtes Thema familienrechtlicher Klausuren.

Zugewinn ist der Betrag, um den das Endvermögen eines Ehegatten sein Anfangsvermögen übersteigt (§ 1373).

Da jeder Ehegatte durch ein möglichst hohes Anfangsvermögen seinen Zugewinn mindert, ist jeder Ehegatte mit dem Nachweis seines Anfangsvermögens belastet. Ein gemeinsam erstelltes Verzeichnis des Anfangsvermögens begründet die Vermutung der Richtigkeit, § 1377 Abs. 1. Wenn kein Verzeichnis aufgenommen worden ist, wird, solange der Gegenbeweis nicht geführt ist, vermutet, dass ein Anfangsvermögen nicht vorhanden war, das gesamte Endvermögen eines Ehegatten also sein Zugewinn ist, § 1377 Abs. 3.

gleichspflichtig sein. Das wird dadurch erreicht, dass solche Zuwendungen dem Anfangsvermögen zugerechnet werden, § 1374 Abs. 2 (sog. privilegierter Erwerb).

Zwar wird der vorliegende Sachverhalt nicht unmittelbar vom Wortlaut des § 1374 Abs. 2 umfasst. Auch ist die Vorschrift als Ausnahmenorm restriktiv anzuwenden. Dennoch wendet die h.M. bezüglich der Lebensversicherung § 1374 Abs. 2 im Wege der teleologischen Auslegung an.

BGH NJW 1995, 3113: „Denn das Verbot einer ausdehnenden Anwendung der Vorschrift auf andere, in § 1374 Abs. 2 nicht erfasste Erwerbsvorgänge bedeutet nicht, dass die verwendeten Rechtsbegriffe wie „Erwerb von Todes wegen" oder „Erwerb mit Rücksicht auf ein künftiges Erbrecht" nicht ihrerseits inhaltlich auslegungsbedürftig und auslegungsfähig wären. Vielmehr steht es mit der Regelung im Einklang, im Wege der Auslegung auch solche Vermögenswerte einzubeziehen, die ihrer Art und Herkunft nach als Anwendungsfälle jener privilegierten Erwerbsvorgänge anzusehen sind."

cc) Das überschuldete Anfangsvermögen der F ist nunmehr mit dem privilegierten Erwerb nach § 1374 Abs. 2 zu verrechnen.

Hinweis:
Bis zum 01.09.2009 konnte das Anfangsvermögen nicht negativ sein, was erhebliche Gerechtigkeitsdefizite zur Folge hatte. Hatte etwa ein Ehegatte bei Eheschließung 50.000 € Schulden und war bei Rechtshängigkeit des Scheidungsantrags schuldenfrei, während der andere Ehegatte sein Anfangsvermögen von 10.000 € auf 20.000 € steigern konnte, so musste der bei Eheschließung schuldenfreie Ehegatte dem anderen als Zugewinnausgleich noch 5.000 € zahlen, obwohl der wirtschaftlich höhere Zugewinn auf der Gegenseite angefallen war.

Ergebnis: Damit ist bei F von einem Anfangsvermögen von **38.000 €** auszugehen.

b) Nunmehr ist das Endvermögen der F zu ermitteln.

Endvermögen i.S.v. **§ 1375 Abs. 1** ist das Vermögen jedes Ehegatten bei Beendigung des Güterstandes (= Rechtshängigkeit des Scheidungsantrags, § 1384). Verbindlichkeiten können auch das Endvermögen unter Null drücken, was gemessen am Anfangsvermögen konsequent ist, vgl. § 1375 Abs. 1 S. 2.

Maßgeblicher Stichtag für die Ermittlung des Endvermögens ist also der Tag der Zustellung des Scheidungsantrags bei M, d.h. der 15.01.2019.

Neben der Forderung gegen den Freund ist auch der Betrag von 8.000 €, der sich auf dem Girokonto der F befindet, im Endvermögen zu berücksichtigen.

Ergebnis: Das Endvermögen der F beträgt also 56.000 €. Berücksichtigt man nunmehr das vorhandene Anfangsvermögen, so ergibt sich ein Zugewinn i.H.v. 18.000 €.

2. Nunmehr ist der **Zugewinn des M** zu klären.

a) Das Anfangsvermögen des M ist zunächst zu berechnen.

Da die Zugewinnausgleichsbilanz eine Stichtagsbilanz ist, verändert das spätere Schicksal der Einzelpositionen nicht die Höhe des Anfangsvermögens. Deshalb ist auch unerheblich, dass das **Motorrad**, welches im Anfangsvermögen mit 5.000 € anzusetzen ist, später wieder zu einem geringeren Preis verkauft wurde.

Das Anfangsvermögen ist zur Vermeidung eines sog. unechten Zugewinns, der letztlich nur die Inflationsrate darstellt, per Ehezeitende zu indexieren, vgl. § 1376.

Die Immobilie, die M bereits bei Eheschließung im Jahre 1997 gehörte, ist nicht mit dem damaligen Wert von 150.000 € anzusetzen, sondern entsprechend der heutigen Wertverhältnisse mit 185.000 €. Die Differenz trägt nur dem Kaufkraftschwund Rechnung und ist daher kein „echter" Zugewinn.

Somit ergibt sich ein Anfangsvermögen des M i.H.v. 190.000 €.

b) Abschließend ist das Endvermögen des M zu bestimmen.

Die Immobilie ist im Endvermögen mit dem aktuellen Zeitwert von 220.000 € anzusetzen. Auch das Guthaben auf dem Girokonto gehört zu den Aktiva (4.800 €).

Damit beträgt das Endvermögen des M 224.800 €.

Ergebnis: Der Zugewinn des M beläuft sich auf 34.800 €.

3. Vergleicht man nunmehr den **Zugewinn** der F mit dem des M, so ergibt sich ein Überschuss des M i.H.v. 16.800 €. Die Hälfte dieser Summe ist der F auszuzahlen.

Endergebnis: Der Anspruch der F gegen M gemäß § 1378 Abs. 1 beträgt 8.400 €.

Zugewinnausgleichsbilanz zu Fall 12:

Stichtage: Anfangsvermögen: 01.04.1997
Endvermögen: 15.01.2019

I. Zugewinn der F

Anfangsvermögen der F

Aktiva	
VW-Golf	2.000 €
Passiva	
Ausbildungskredit	-12.000 €
Anfangsvermögen insgesamt	-10.000 €

Privilegierter Erwerb (§ 1374 Abs. 2 BGB)

Lebensversicherung	48.000 €
Anfangsvermögen insgesamt	38.000 €

Endvermögen der F

Aktiva	
Forderung gegen Freund	48.000 €
Girokonto	8.000 €
Endvermögen insgesamt	56.000 €

Zugewinn der F

Endvermögen	56.000 €
./. Anfangsvermögen	38.000 €
Zugewinn der F	18.000 €

II. Zugewinn des M

Anfangsvermögen des M

Aktiva	
Immobilie	185.000 €
Motorrad	5.000 €
Anfangsvermögen insgesamt	190.000 €

Endvermögen des M

Aktiva	
Immobilie	220.000 €
Girokonto	4.800 €
Endvermögen insgesamt	224.800 €

Zugewinn des M

Endvermögen	224.800 €
./. Anfangsvermögen	190.000 €
Zugewinn des M	34.800 €

III. Endbilanz:

Zugewinn des M	34.800 €
Zugewinn der F	18.000 €
Höherer Zugewinn des M	16.800 €
Zugewinnausgleichsanspruch der F (Überschuss : 2)	**8.400 €**

Fall 13: Die Schenkung des Ehemanns

Max (M) und Felline (F), die im gesetzlichen Güterstand leben, haben am 02.02.2002 die Ehe vor dem Standesamt Mainz geschlossen. Nachdem man sich auseinandergelebt hat, trennen sich M und F im Jahre 2016. Der Scheidungsantrag der F wird am 04.04.2019 beim zuständigen Familiengericht eingereicht; die Zustellung an M erfolgt am 05.04.2019. Die Ehe wird am 25.06.2019 rechtskräftig geschieden.

F ist der Meinung, M müsse ihr seinen Zugewinn ausgleichen. Sie sucht RA Dr. Heinrich auf und schildert Folgendes:

Sie (F) hat bei Eheschließung im Jahre 2002 bedingt durch ihr Studium 5.000 € Schulden bei der Sparkasse gehabt.

Kurz nach Eheschließung (01.05.2002) hätten ihr ihre Eltern 1.500 € zur Verbesserung ihrer damals sehr bescheidenen Kleidung geschenkt.

Im Jahre 2005 bekam sie von M 50.000 € aus dessen Vermögen geschenkt. Diesen Betrag setzte sie zur Tilgung ihrer Schuld bei der Sparkasse ein; im Übrigen erwarb sie ein BMW-Cabrio für 45.000 €. Das Cabrio wurde im Jahre 2007 durch einen Unfall komplett zerstört.

Am 05.04.2019 hat ihr Girokonto 10.000 € Guthaben aufgewiesen. Dieser Betrag beruht auf einer Schmerzensgeldzahlung (bedingt durch einen nicht verschuldeten Verkehrsunfall am 12.09.2017).

Auch M hatte bei Eheschließung kein Vermögen. Gegenüber einem Kunden unterhielt M bei Eheschließung lediglich eine offene Forderung i.H.v. 15.000 €. Diese musste 2007 infolge Insolvenz dieses Kunden niedergeschlagen werden.

Im Übrigen konnte M während der Ehe Kapital bilden durch den kontinuierlichen Kauf von Aktien. Der Aktienwert beträgt im April 2019 120.000 €.

Schließlich befand sich am 05.04.2019 ein Guthaben auf dem Girokonto des M i.H.v. 9.200 €.

F bittet um gutachtliche Prüfung ihrer Ansprüche gegen M.

Hinweis: Die angegebenen Beträge sind bereits indexiert, d.h. eine Einbeziehung des Kaufkraftschwundes ist nicht erforderlich.

Zugewinnausgleichsanspruch der F gegen M

Der Anspruch auf Zugewinnausgleich ergibt sich aus **§ 1378 Abs. 1**.

Nach § 1378 steht einem Ehegatten Zugewinnausgleich zu, soweit der Zugewinn des anderen Ehegatten den Zugewinn des fordernden Ehegatten übersteigt; die Ausgleichsforderung beträgt die Hälfte des Überschusses, § 1378 Abs. 1.

Die Voraussetzungen der Anspruchsgrundlage könnten vorliegen.

I. M und F haben eine wirksame Ehe im Jahre 2002 geschlossen und im gesetzlichen Güterstand der **Zugewinngemeinschaft** gelebt.

II. Der Güterstand wurde zu Lebzeiten beider Ehegatten (§ 1372) durch Scheidung am 25.06.2019 aufgelöst.

III. Der **Zugewinn** des M müsste den Zugewinn der F **übersteigen** (§ 1378 Abs. 1).

Der gesetzliche Güterstand der Zugewinngemeinschaft ist **prinzipiell Gütertrennung**, sodass jeder Ehegatte sein Vermögen selbstständig verwaltet. Allerdings ist im Falle der Scheidung der in der Ehe erwirtschaftete Zugewinn auszugleichen. Es ist insbesondere ein weit verbreiteter Irrtum, dass ein Ehegatte für Schulden des anderen haften würde.

Insoweit ist nunmehr sowohl der von M als auch der von F während der Ehe erzielte Zugewinn zu ermitteln und zu vergleichen.

1. Der **Zugewinn der F** ermittelt sich durch einen Vergleich des Anfangsvermögens mit dem Endvermögen.

a) Das Anfangsvermögen der F bestimmt sich nach **§ 1374**.

Das Anfangsvermögen soll jenes Vermögen dem ausgleichspflichtigen Zugewinn entziehen, das selbst bei typisierender Betrachtung nicht auf das gemeinsame Wirtschaften zurückzuführen ist.

aa) Zum Anfangsvermögen eines Ehegatten gehören alle rechtlich geschützten Positionen mit wirtschaftlichem Wert, die ihm vor dem Eintritt des Güterstandes, in der Regel also im Zeitpunkt der Eheschließung, gehörten (sog. **originäres Anfangsvermögen, § 1374 Abs. 1**).

Die Berechnung erfolgt grundsätzlich durch Summierung aller Aktiva und Abzug aller Verbindlichkeiten. Liegen bei Eheschließung größere Verbindlichkeiten vor, so kann das Anfangsvermögen durchaus auch negativ sein, vgl. § 1374 Abs. 3.

Die F hatte ein negatives Anfangsvermögen, weil ausschließlich Verbindlichkeiten i.H.v. 5.000 € bestanden.

Somit ergibt sich ein negatives Anfangsvermögen der F in Höhe von 5.000 €.

bb) Zum Anfangsvermögen gehören auch diejenigen Vermögenswerte, die ein Beteiligter während der Ehe durch Erbgang oder andere in § 1374 Abs. 2 genannte Erwerbsvorgänge erhalten hat (sog. **privilegiertes Anfangsvermögen, § 1374 Abs. 2**).

Fraglich ist, in welcher Weise die Schenkung der Eltern i.H.v. 1.500 € zu beurteilen ist. Die der F geschenkten 1.500 € sind jedoch nicht als privilegierter Erwerb im Anfangsvermögen zu berücksichtigen, weil der geschenkte Betrag **zum Verbrauch** und nicht zur Vermögensbildung bestimmt war, nämlich zum Kauf von Kleidung.

Weiterhin erhielt die F eine Schenkung des M i.H.v. 50.000 €. Auf Zuwendungen unter Ehegatten ist die Vorschrift des § 1374 Abs. 2 entgegen dem Wortlaut nach h.M. nicht anwendbar.[19] Dies ergibt sich im Umkehrschluss zur Sondervorschrift des § 1380.

b) Nunmehr ist das Endvermögen der F zu ermitteln.

Endvermögen i.S.v. **§ 1375 Abs. 1** ist das Vermögen jedes Ehegatten bei Beendigung des Güterstandes (= Rechtshängigkeit des Scheidungsantrags, § 1384). Verbindlichkeiten können auch das Endvermögen unter Null drücken, was gemessen am Anfangsvermögen konsequent ist, vgl. § 1375 Abs. 1 S. 2.

---

19 Vgl. Palandt/Brudermüller § 1374 Rn. 15.

Die Forderung gegen die Bank i.H.v. 10.000 € ist bedingt durch eine Zahlung von **Schmerzensgeld**. Die Behandlung des Schmerzensgeldes im Zugewinnausgleich ist streitig, da dieses Geld seiner Zweckbestimmung nach nicht der Vermögensvermehrung dient, sondern der Wiedergutmachung für immaterielle persönlichkeitsbezogene Schäden, die beim Verletzten selbst eingetreten sind. Gleichwohl ist das Schmerzensgeld nach h.M. im Endvermögen zu berücksichtigen, da die Vorschrift des § 1374 Abs. 2 nur beschränkt einer Analogie zugänglich ist. Somit ist der Betrag im Endvermögen zu berücksichtigen, da der finanzielle Zufluss noch in die Ehezeit fällt.

Ergebnis: Damit ergibt sich aufgrund des negativen Anfangsvermögens ein Zugewinn der F i.H.v. 15.000 €.

2. Der **Zugewinn des M** ist im Folgenden zu klären.

a) Das Anfangsvermögen des M ist zunächst zu berechnen.

M hatte ein Anfangsvermögen i.H.v. 15.000 €, weil er bei Eheschließung eine offene Forderung gegen einen Kunden in dieser Höhe besaß. Da die Ausgleichsbilanz eine Stichtagsbilanz ist, verändert das spätere Schicksal der Einzelpositionen nicht die Höhe des Anfangsvermögens. Deshalb ist auch unerheblich, dass die Forderung gegen den Kunden infolge von Insolvenz nicht realisiert werden konnte.

Klausurtipp:
Die Stichtage sind besonders wichtig. **Anfangsvermögen:** Tag der Eheschließung (vgl. § 1374 Abs. 1: Eintritt des Güterstandes); **Endvermögen:** Rechtshängigkeit des Scheidungsantrags, § 1384.

Das Anfangsvermögen des M ist daher mit 15.000 € anzugeben.

b) Das **Endvermögen des M, vgl. § 1375 Abs. 1,** zum maßgeblichen Stichtag (vgl. § 1384), d.h. der Rechtshängigkeit des Scheidungsantrags, ergibt sich aus dem Guthaben auf dem Girokonto (9.200 €) sowie dem vorhandenen Aktienbestand (120.000 €).

Damit beträgt das Endvermögen des M 129.200 €.

Ergebnis: Der Zugewinn des M beläuft sich damit auf 114.200 €.

3. Abschließend ist der Zugewinnausgleich vorzunehmen.

Vergleicht man nunmehr den Zugewinn der F mit dem des M, so ergibt sich ein Überschuss des M i.H.v. 99.200 €. Die Hälfte dieser Summe, also 49.600 €, ist der F grundsätzlich zuzusprechen.

4. Es könnte ein Vorausempfang nach § 1380 i.H.v. 50.000 € zu berücksichtigen sein.

Der Betrag von 50.000 € geht deutlich über ein Gelegenheitsgeschenk hinaus, sodass der Zugewinnausgleich durch § 1380 beeinflusst wird.

a) Nach h.M.[20] greift § 1380 überhaupt nur dann ein, wenn eine Ausgleichsforderung des Zuwendungsempfängers besteht, auf die ein Vorausempfang angerechnet werden kann. Hat der Zuwendungsempfänger aber schon mehr im Voraus erhalten, als ihm als Ausgleichsforderung zustünde, so kann er nichts mehr verlangen; § 1380 greift dann nicht ein. Daher ist stets zu prüfen, ob der Zuwendungsempfänger mit der Zuwendung bereits mehr erhalten hat, als ihm ohne die Zuwendung als Zugewinnausgleichsanspruch zugestanden hätte. Dies ist dann der Fall, wenn die Ausgleichsberechnung unter Anwendung des § 1380 ergibt, dass der Zuwen-

20 Vgl. Palandt/Brudermüller § 1380 Rn. 16.

dungsempfänger keine Ausgleichsforderung hat, auf die die Zuwendung angerechnet werden könnte, oder dass die anzurechnende Zuwendung die Ausgleichsforderung übersteigt. Letztere Konstellation bezeichnet man als „überhöhte Zuwendung".

Ein solcher Fall liegt hier freilich nicht vor.

b) Für die Ausgleichsberechnung unter Anwendung des § 1380 ordnet das Gesetz Folgendes an:

Der Wert der Zuwendung ist dem Zugewinn desjenigen Ehegatten hinzuzurechnen, der die Zuwendung gemacht hat. Sodann wird der Wert der Zuwendung auf die Ausgleichsforderung des Empfängers angerechnet.

Dabei sind jedoch zwei weitere, aus dem Gesetzeswortlaut nicht unmittelbar zu entnehmende Regeln zu beachten: Obwohl der Wortlaut des § 1374 Abs. 2 dies zuließe, ist die Zuwendung nicht dem Anfangsvermögen des Zuwendungsempfängers zuzurechnen, denn die Vorschrift erfasst Zuwendungen unter Ehegatten nicht (s.o.). Wenn die Zuwendung dem Zugewinn des Zuwenders zugerechnet wird (Abs. 2), so ist damit zugleich gesagt, dass der Wert der Zuwendung nicht auch beim Zugewinn des Empfängers berücksichtigt werden darf, denn der Wert der Zuwendung kann nicht zugleich den Zugewinn beider Ehegatten erhöhen. Die Zugewinne der Ehegatten werden im Falle des § 1380 vielmehr so berechnet, dass der Wert der Zuwendung „statt" beim Zugewinn des Empfängers berücksichtigt zu werden, dem Zugewinn des Zuwenders hinzugerechnet wird.

Beachte:
Die Vorschrift des § 1380 wirkt sich nur aus, wenn der geschenkte Betrag nicht mehr im Zugewinn der beschenkten Person auftaucht. Dies kann z.B. dadurch bedingt sein, dass eine Verrechnung mit Schulden erfolgte oder die geschenkte Zuwendung gestohlen wurde etc.

Dies bedeutet also, dass der Zugewinn des M mittels § 1380 dahingehend zu korrigieren ist, dass sein Zugewinn 164.200 € beträgt. Umgekehrt ist ein Zugewinn der F nicht mehr gegeben.

Der Ausgleichsanspruch der F beträgt danach 82.100 €; darauf ist aber jetzt der Betrag von 50.000 € anzurechnen, sodass der Ausgleichsanspruch der F nur noch 32.100 € umfasst.

Ergebnis: Der Zugewinnausgleichsanspruch der F beträgt 32.100 €.

Zugewinnausgleichsbilanz zu Fall 13:

Stichtage:	Anfangsvermögen:	02.02.2002
	Endvermögen:	05.04.2019

I. Zugewinn der F

Anfangsvermögen der F

Aktiva	
	0 €
Passiva	
Kredit	-5.000 €
Anfangsvermögen insgesamt	-5.000 €

Endvermögen der F

Aktiva	
Girokonto	10.000 €
Endvermögen insgesamt	10.000 €
Zugewinn der F	**15.000 €**

II. Zugewinn des M

Anfangsvermögen des M

Aktiva	
Forderung gegen Kunden	15.000 €
Anfangsvermögen insgesamt	15.000 €

Endvermögen des M

Aktiva	
Aktien	120.000 €
Girokonto	9.200 €
Endvermögen des M	129.200 €

Zugewinn des M

Endvermögen	129.200 €
./. Anfangsvermögen	15.000 €
Zugewinn des M	114.200 €

III. Endbilanz:

Zugewinn des M	114.200 €
Zugewinn der F	15.000 €
Höherer Zugewinn des M	99.200 €
Zugewinnausgleichsanspruch der F (Überschuss : 2)	**49.600 €**

IV. Berücksichtigung von § 1380 BGB (Schenkung von 50.000 € im Jahre 2005)

Zugewinn des M	164.200 €
Zugewinn der F	0 €
Höherer Zugewinn des M	164.200 €
Zugewinnausgleichsanspruch der F (Überschuss : 2)	**82.100 €**
abzügl. des Vorausempfangs von 50.000 €	**32.100 €**

Fall 14: Geschenke für die neue Freundin

Ehemann (M) und Ehefrau (F) schließen am 12.02.1996 die Ehe und leben im gesetzlichen Güterstand der Zugewinngemeinschaft. Seit Mai 2017 leben M und F getrennt. Der Scheidungsantrag der F wird am 05.11.2018 beim zuständigen Familiengericht eingereicht; die Zustellung erfolgt am 15.11.2018. Die Ehe wird am 08.05.2019 rechtskräftig geschieden. M stellt nunmehr beim zuständigen Amtsgericht – Familiengericht – Göttingen Antrag gegen F, mit der er den Zugewinnausgleich geltend macht. M und F tragen dazu dem Gericht Folgendes vor:

Kurz vor Eheschließung haben M und F gemeinsam einen Kredit i.H.v. 50.000 € bei der Commerzbank aufgenommen. Das Geld wurde benötigt für die Anschaffung einer Wohnungseinrichtung und den Kauf eines Autos, das der jungen Familie zur Verfügung stehen sollte. Dieser Kredit konnte bis zum 15.11.2018 teilweise abgetragen werden, d.h. es besteht noch eine Rückzahlungspflicht gegenüber der Commerzbank i.H.v. 24.000 €.

M bekam 10 Tage nach Eheschließung 50.000 € von seinem früheren Arbeitgeber ausgezahlt. Es handelt sich um eine Abfindung infolge einer Betriebsstilllegung. Der Betrag von 50.000 € war in einem Sozialplan festgestellt worden, der vor Eheschließung, d.h. genau am 05.02.1996 rechtswirksam wurde. Dieser Betrag wurde während der Ehe komplett für Urlaubsreisen verbraucht.

Schließlich hat die F im Laufe des Scheidungsverfahrens erfahren, dass M seiner neuen Freundin Anna (A) im Oktober 2018 Schmuck im Wert von 20.000 € geschenkt hat. Die A habe davon in der ganzen Stadt erzählt.

Im September 2016 kaufte M einen neuen BMW 325i für 52.000 € (der Wert am 15.11.2018 beträgt 22.000 €). Der BMW war am 19.11.2018 in einen Unfall verwickelt und hat nur noch Schrottwert.

Die F besitzt am 15.11.2018 noch ein Konto bei der Deutschen Bank mit einem Guthaben von 30.000 €. Dieses Geld ist auf einen unverschuldeten Unfall zurückzuführen. Infolge der dabei erlittenen Verletzungen ist es ihr zukünftig nicht mehr möglich, ihre Nebentätigkeit als Reitlehrerin auszuüben. Durch den Wegfall dieser Nebentätigkeit ist von Verdienstausfall auszugehen, für den die Haftpflichtversicherung des Unfallgegners aufzukommen hat. F schloss mit dieser Haftpflichtversicherung am 02.11.2018 einen Abfindungsvergleich, wonach die Versicherung für den ab Dezember 2018 in Zukunft entstehenden Verdienstausfall eine Entschädigung von 30.000 € bezahlte. Dieser Betrag wurde am 12.11.2018 dem Konto bei der Deutschen Bank gutgeschrieben.

Der zuständige Richter bittet Sie um Prüfung, ob ein Zugewinnausgleichsanspruch für M gegen F besteht.

Hinweis: Die angegebenen Beträge sind bereits indexiert, d.h. eine Einbeziehung des Kaufkraftschwundes ist nicht erforderlich.

Zugewinnausgleichsanspruch des M gegen F

Der Zugewinnausgleichsanspruch ergibt sich aus **§ 1378 Abs. 1**.

Übersteigt der Zugewinn des einen Ehegatten den Zugewinn des anderen, so steht die Hälfte des Überschusses dem anderen Ehegatten als Ausgleichsforderung zu. Zugewinn ist dabei nach § 1373 der Betrag, um den das Endvermögen eines Ehegatten das Anfangsvermögen übersteigt.

Die Voraussetzungen der Anspruchsgrundlage könnten vorliegen.

I. M und F haben eine wirksame Ehe im Jahre 1996 geschlossen und im Güterstand der **Zugewinngemeinschaft** gelebt.

II. Der Güterstand wurde zu Lebzeiten beider Ehegatten (§ 1372) durch Scheidung am 08.05.2019 aufgelöst.

III. Der **Zugewinn** der F müsste den Zugewinn des M **übersteigen** (§ 1378 Abs. 1).

Insoweit ist nunmehr sowohl der von M als auch der von F während der Ehe erzielte Zugewinn zu ermitteln und zu vergleichen.

1. Der **Zugewinn des M** ist zu klären.

a) Das **Anfangsvermögen des M** ist zunächst zu berechnen.

aa) Problematisch ist insbesondere, ob die nach Eheschließung im Jahre 1996 ausgezahlte Abfindung i.H.v. 50.000 € noch als Anfangsvermögen berücksichtigt werden kann.

Besonderheit des Sachverhalts ist, dass der Betrag durch einen bereits vor Eheschließung rechtswirksamen Sozialplan festgestellt wurde, aber erst nach Eheschließung zur Auszahlung gelangte.

Zum Anfangsvermögen eines Ehegatten gehören alle rechtlich geschützten Positionen mit wirtschaftlichem Wert, die ihm vor dem Eintritt des Güterstandes, in der Regel also im Zeitpunkt der Eheschließung, gehörten.

Trotz der in die Zeit der Ehe fallenden Auszahlung ist die Abfindung dem Anfangsvermögen des M zuzurechnen. Das Anfangsvermögen umfasst alle dem Ehegatten am Stichtag der Eheschließung zustehenden rechtlich geschützten Positionen mit wirtschaftlichem Wert, d.h. neben den dem Ehegatten gehörenden Sachen alle ihm zustehenden objektiv bewertbaren Rechte, die beim Eintritt des Güterstandes bereits entstanden sind. Dazu gehören auch Anwartschaften, m.a.W. der Wert muss nicht zwingend sogleich verfügbar sein. Nicht zum Anfangsvermögen gehören hingegen noch in der Entwicklung begriffene Rechte, die noch nicht zur Anwartschaft erstarkt sind, und bloße Erwerbsaussichten, da sie nicht das Merkmal „rechtlich geschützter Positionen mit wirtschaftlichem Wert" erfüllen.

Der Sozialplan vermittelt unmittelbare Ansprüche der Betroffenen, die auch vererblich sind. Die Rechtsposition, die hierdurch begründet wird, ist als Anwartschaft zu behandeln, die einen – nicht mehr von einer Gegenleistung abhängigen – nach wirtschaftlichen Maßstäben bewertbaren Anspruch auf die zugesagte Abfindung gewährte.[21]

bb) Der gemeinsam vor der Ehe aufgenommene Kredit i.H.v. 50.000 € bei der Commerzbank begründet eine gesamtschuldnerische Haftung und ist deshalb mit dem hälftigen Betrag von dem jeweiligen Anfangsvermögen

21 So auch BGH NJW 2001, 439 ff.

der Parteien abzuziehen (also mit 25.000 €), da dies ihrer grundsätzlichen Ausgleichspflicht im Innenverhältnis gemäß § 426 Abs. 1 entspricht.

Ergebnis: Das Anfangsvermögen des M beträgt also 25.000 €.

b) Nunmehr ist auf das **Endvermögen des M** nach § 1375 Abs. 1 einzugehen.

aa) Endvermögen i.S.v. § 1375 Abs. 1 ist das Vermögen jedes Ehegatten bei Beendigung des Güterstandes (= Rechtshängigkeit des Scheidungsantrags, § 1384). **Maßgeblicher Stichtag** für die Ermittlung des Endvermögens ist also der Tag der Zustellung des Scheidungsantrags bei M, d.h. der 15.11.2018.

Klausurtipp:
Erneut zeigt sich die große Bedeutung des Stichtagsprinzips. Die Darstellungen zum Unfall versuchen die/den Bearbeiter/in nur zu irritieren.

Das Auto ist mit 22.000 € in das Endvermögen einzubeziehen. Der spätere Unfall erfolgte erst am 19.11.2018, d.h. nach dem o.a. Stichtag und ist deshalb unerheblich.

bb) Es könnte eine illoyale Vermögensverschiebungen gemäß § 1375 Abs. 2 vorliegen.

Hinzuzurechnen sind dem Endvermögen des M weiterhin 20.000 € wegen des der Freundin geschenkten Schmucks (§ 1375 Abs. 2 S. 1 Nr. 1), da eine Zuwendung in dieser Höhe den Rahmen einer Anstandsschenkung sprengt.

cc) Der gesamtschuldnerische Kredit ist als **Passiva** mit dem hälftigen Anteil zu berücksichtigen, d.h. abzuziehen.

Dies wurde bereits bei der Berechnung des Anfangsvermögens praktiziert (s.o.). Eine entsprechende Berechnungsweise ist aber auch bei der Ermittlung des Endvermögens erforderlich, sofern der Ausgleich der Gesamtschuldner nach der Ausgleichsregel des § 426 Abs. 1 S. 1 zu gleichen Teilen erfolgt. Davon ist hier auszugehen. Der Schuldenstand beläuft sich zum 15.11.2018 auf insgesamt 24.000 €, d.h. der Anteil des M ist mit 12.000 € zu veranschlagen.

Damit beträgt das Endvermögen des M 30.000 €.

Ergebnis: Der Zugewinn des M (Endvermögen abzüglich Anfangsvermögen) beläuft sich damit auf 5.000 €.

2. Der **Zugewinn der F** ermittelt sich durch einen Vergleich des Anfangsvermögens mit dem Endvermögen.

a) Das **Anfangsvermögen der F** bestimmt sich nach **§ 1374.**

Die F hatte ein negatives Anfangsvermögen, weil ausschließlich Verbindlichkeiten i.H.v. 25.000 € bestanden (gemeinsamer Kredit i.H.v. 50.000 €).

Ergebnis: Das Anfangsvermögen der F beträgt 25.000 €.

b) Nunmehr ist das **Endvermögen der F** zu ermitteln.

Endvermögen i.S.v. § 1375 Abs. 1 ist das Vermögen jedes Ehegatten bei Beendigung des Güterstandes (= Rechtshängigkeit des Scheidungsantrags, § 1384). Verbindlichkeiten können auch das Endvermögen unter Null drücken, was gemessen am Anfangsvermögen konsequent ist, vgl. § 1375 Abs. 1 S. 2.

aa) Die Rechtshängigkeit des Scheidungsantrags, § 1384, ist am 15.11.2018 eingetreten.

Fraglich ist, ob die 30.000 €, die vor dem Stichtag dem Konto der F gutgeschrieben wurden, aber einen in der Zukunft gelegenen Verdienstausfall ausgleichen sollen, zu berücksichtigen sind.

Das Guthaben bei der Deutschen Bank ist bedingt dadurch, dass die der F zu gewährende Unterhaltsrente wegen des unverschuldeten Verkehrsunfalls kapitalisiert wurde. Das Sparguthaben bzw. der Abfindungsbetrag der Versicherung unterliegt aber nicht der Regelung des § 1374 Abs. 2, d.h. ist kein privilegiertes Anfangsvermögen. § 1374 Abs. 2 ist eine grundsätzlich **abschließende Regelung**.

Allerdings wird die Auffassung vertreten, dass bei der rechtlichen Behandlung derartiger künftig wiederkehrender Ansprüche (also der Einkünfte als Reitlehrerin) Abfindungen als deren Surrogate so zu behandeln seien wie das von ihnen surrogierte Objekt. Dies bedeutet, dass solche Abfindungen periodengerecht auf die Zeiträume vor, während und nach der Güterstandszeit zu verteilen sind.

Hinweis:
Der Gesetzgeber wollte, dass andere als die in § 1374 Abs. 2 aufgezählten Vermögensmassen dem Zugewinnausgleich unterliegen, selbst wenn die Vermögenswerte im Einzelfall einmal nicht auf gemeinsamer Lebensleistung beruhen.

Danach wäre die Abfindung im Endvermögen nicht zu berücksichtigen, da sie eine Abgeltung für Einnahmen darstellt, die erst in der Zukunft (nach der Rechtshängigkeit des Scheidungsantrags, § 1384) zu erwarten waren.

Demgegenüber stellt die h.M. im Falle von Abfindungen aber auf das starre Stichtagsprinzip ab, da die schematische und starre gesetzliche Regelung der §§ 1372 ff. keine andere Entscheidung zulasse

Dieser Auffassung ist auch zu folgen. Letztlich ist nämlich maßgeblich, ob die 30.000 € in den Nachlass gefallen wären, falls die F gestorben wäre, da zum Endvermögen i.S.v. § 1375 alle objektivierbaren Aktivwerte gehören, die an einem zum Stichtag fingierten Erbfall auf die Erben übergehen würden. Danach handelt es sich um Endvermögen, obwohl die Abfindung Einkünfte betrifft, die erst nach dem Stichtag (vgl. § 1384) angefallen wären.

bb) Der gesamtschuldnerische Kredit ist – wie bereits bei M gezeigt – als **Passiva** mit dem hälftigen Anteil zu berücksichtigen, d.h. abzuziehen. Der Schuldenstand beläuft sich zum 15.11.2018 auf insgesamt 24.000 €, d.h. der Anteil der F ist 12.000 €.

Damit beträgt das Endvermögen der F 18.000 €.

Ergebnis: Der Zugewinn der F (Endvermögen im Vergleich zum Anfangsvermögen) beläuft sich damit auf 43.000 €.

3. Damit ist nun der **Zugewinnausgleich** zu berechnen.

Vergleicht man nunmehr den Zugewinn der F mit dem des M, so ergibt sich ein Überschuss der F i.H.v. 38.000 €. Die Hälfte dieser Summe, also 19.000 € ist dem M damit zuzusprechen.

Ergebnis: M kann gemäß § 1378 Abs. 1 von F Ausgleich des Zugewinns i.H.v. 19.000 € fordern.

Zugewinnausgleichsbilanz zu Fall 14:

Stichtage: Anfangsvermögen: 12.02.1996
Endvermögen: 15.11.2018

I. Zugewinn des M

Anfangsvermögen des M

Aktiva	
Abfindung	50.000 €
Passiva	
Kredit Commerzbank	-25.000 €
Anfangsvermögen insgesamt	25.000 €

Endvermögen des M

Aktiva	
Auto	22.000 €
Passiva	
Kredit Commerzbank	12.000 €
Endvermögen des M	10.000 €
Zusätzlich § 1375 Abs. 2 (Schmuck für Freundin)	20.000 €

Zugewinn des M

Endvermögen	30.000 €
./. Anfangsvermögen	25.000 €
Zugewinn des M	5.000 €

II. Zugewinn der F

Anfangsvermögen der F

Passiva	
Kredit Commerzbank	-25.000 €
Anfangsvermögen insgesamt	-25.000 €

Endvermögen der Frau

Aktiva	
Deutschen Bank Konto	30.000 €
Passiva	
Kredit Commerzbank	-12.000 €
Endvermögen insgesamt	18.000 €

Zugewinn des F

Endvermögen	18.000 €
./. Anfangsvermögen	-25.000 €
Zugewinn der F	43.000 €

III. Endbilanz:

Zugewinn des M	5.000 €
Zugewinn der F	43.000 €
Höherer Zugewinn der F	38.000 €
Zugewinnausgleichsanspruch des M (Überschuss : 2)	**19.000 €**

Aufbauschema: Zugewinnausgleichsanspruch aus § 1378 Abs. 1

Anspruch gemäß § 1378 Abs. 1: Übersteigt der Zugewinn des einen Ehegatten den Zugewinn des anderen, so steht die Hälfte des Überschusses dem anderen Ehegatten als Ausgleichsforderung zu.

Die Anspruchsvoraussetzungen

I. Gesetzlicher Güterstand der Zugewinngemeinschaft

II. Beendigung der Zugewinngemeinschaft durch Scheidung, § 1372

III. Zugewinn, § 1373

Zugewinn ist nach § 1373 der Betrag, um den das Endvermögen eines Ehegatten das Anfangsvermögen übersteigt.

1. Anfangsvermögen, § 1374

a) Originäres Anfangsvermögen, § 1374 Abs. 1

- Alle rechtlich geschützten Positionen eines Ehegatten mit wirtschaftlichem Wert
- Vor dem Eintritt des Güterstandes, also im Zeitpunkt der Eheschließung bereits vorhanden
- Anfangsvermögen kann negativ sein, § 1374 Abs. 3

b) Privilegiertes Anfangsvermögen, § 1374 Abs. 2

Anfangsvermögen sind auch diejenigen Vermögenswerte, die ein Ehegatte während der Ehe durch Erbgang oder andere in § 1374 Abs. 2 genannte Erwerbsvorgänge erhalten hat.

c) Verrechnung mit negativem Anfangsvermögen aus § 1374 Abs. 1 möglich

2. Endvermögen, § 1375

a) § 1375 Abs. 1

- Vermögen jedes Ehegatten bei Beendigung des Güterstandes
- Maßgeblicher Stichtag für die Ermittlung des Endvermögens ist der Tag der Zustellung des Scheidungsantrags, also der Rechtshängigkeit des Scheidungsantrags, § 1384.
- Endvermögen kann negativ sein, § 1375 Abs. 1 S. 2

b) § 1375 Abs. 2

Hinzuzurechnen sind sog. illoyale Vermögensverschiebungen.

3. Anrechnung von Vorausempfängen, § 1380

- Betrifft Geschenke der Ehegatten
- Wert der Zuwendung ist dem Zugewinn desjenigen Ehegatten hinzuzurechnen, der die Zuwendung gemacht hat. Gleichzeitig ist die Zuwendung vom Zugewinn des beschenkten Ehegatten abzuziehen. Danach wird der Wert der Zuwendung auf die Ausgleichsforderung des Empfängers angerechnet.

4. Begrenzung durch Vermögen, das bei Rechtshängigkeit des Scheidungsantrags vorhanden ist, § 1378 Abs. 2

Evtl. aber Anspruch gegen Dritten nach § 1390

IV. Verjährung

Grundsätzlich drei Jahre

7. Teil: Ausgleich bei Gütertrennung

Fall 15: Familienvermögen nur der Ehefrau

Friederike (F) und Manni (M) haben die Ehe im Jahre 2010 geschlossen. Beide hatten damals bereits eine gescheiterte Ehe hinter sich; M befand sich in einem Insolvenzverfahren. Sie vereinbarten mittels eines (wirksamen) notariellen Ehevertrags Gütertrennung. Die Eheleute verfolgten die Zielsetzung, planvoll und zielstrebig ein Familienvermögen zu schaffen, und hatten dabei auch eine glückliche Hand. Die F besitzt demzufolge heute im Alleineigentum eine schuldenfreie Spedition mit ca. 60 größeren Lkw. M hat sowohl durch Geld als auch Arbeitsleistungen geholfen, dass die Spedition aufgebaut werden konnte. Er selbst hat jedoch keinerlei Rechte, weil die Eheleute den Zugriff von Gläubigern des M verhindern wollten. Die von ihm erbrachten Leistungen, die M mit mindestens 500.000 € beziffert, verlangt M nunmehr nach Scheidung der Eheleute im Jahre 2019 ersetzt.

Besteht ein Ausgleichsanspruch des M gegen F?

Wäre das Familiengericht für einen Antrag des M zuständig? Dabei ist davon auszugehen, dass die Eheleute in Köln leben und dass auch die Spedition dort ansässig ist.

Frage 1: Der Ausgleichsanspruch des M gegen F

I. M könnte einen **güterrechtlichen Ausgleichsanspruch nach § 1378** gegen F haben.

Es geht um den Vermögensausgleich nach dem Scheitern einer Ehe. Dieser Ausgleich ist grundsätzlich eine familienrechtliche – genauer: güterstandsrechtliche – Angelegenheit.

Hätten M und F im gesetzlichen Güterstand der Zugewinngemeinschaft gelebt, so hätte dem M nach §§ 1373 ff. ein Anspruch auf Ausgleich des Zugewinns gegen die F zugestanden. Hätten die Eheleute im Güterstand der Gütergemeinschaft gelebt, so wäre es nach der Beendigung des Güterstandes zur Auseinandersetzung des Gesamtgutes nach §§ 1471 ff. gekommen. Da die Eheleute aber im Güterstand der Gütertrennung gelebt haben (§ 1414), kommen solche Ansprüche nicht in Betracht.

Auch eine **analoge Anwendung** der §§ 1373 ff. wird allgemein abgelehnt.

II. Handelte es sich bei den Leistungen des M um sog. **ehebezogene unbenannte Zuwendungen,** könnte ein Anspruch aus **§ 313 wegen Störung der Geschäftsgrundlage** in Betracht zu ziehen sein.

1. Eine sog. **ehebezogene unbenannte Zuwendung** liegt vor, wenn ein Ehegatte dem anderen einen Vermögenswert um der Ehe willen und als Beitrag zur Verwirklichung und Ausgestaltung, Erhaltung oder Sicherung der ehelichen Lebensgemeinschaft zukommen lässt, wobei er die Vorstellung oder Erwartung hegt, dass die eheliche Lebensgemeinschaft Bestand haben und er innerhalb dieser Gemeinschaft am Vermögenswert und dessen Früchten weiter teilhaben werde. Darin liegt die Geschäftsgrundlage der Zuwendung.[22]

22 BGH NJW 2006, 2330.

Klausurtipp:
Die Figur der ehebezogenen unbenannten Zuwendung müssen Sie kennen. Sie ist regelmäßig in familienrechtlichen Ausgleichsklausuren von Bedeutung.

Bei der sog. ehebezogenen unbenannten Zuwendung handelt es sich danach also nicht um eine Schenkung nach §§ 516 ff., sondern um eine Zuwendung auf der Grundlage der ehelichen Lebensgemeinschaft, die bei Scheitern der Ehe Ansprüche unter dem Gesichtspunkt der Störung der Geschäftsgrundlage nach § 313 auslösen kann, wenn die rein ehegüterrechtliche Betrachtung nicht zu einer tragbaren Lösung führt, denn der Bestand der ehelichen Lebensgemeinschaft ist Geschäftsgrundlage einer solchen Zuwendung.

2. Die Zielrichtung einer ehebedingten unbenannten Zuwendung beschränkt sich darauf, **die eheliche Lebensgemeinschaft zu verwirklichen**. Wenn dagegen planvoll gemeinschaftliche Vermögenswerte geschaffen werden (mögen diese auch nach formal-dinglicher Zuordnung einem Ehegatten allein gehören), spricht dies nicht für eine ehebedingte Zuwendung eines Ehegatten an den anderen. Auch in praktischer Hinsicht muss der Fall der ehebedingten Zuwendungen auf die Zuwendung bestimmter Gegenstände beschränkt bleiben. Der Fall, dass ein Ehegatte über Jahre hinweg durch Geld-, Sach- oder Arbeitsleistungen zum Erwerb eines Familienvermögens beiträgt, ist damit kein Fall einer ehebedingten unbenannten Zuwendung, sodass Ausgleichsansprüche nach § 313 scheitern.

Ergebnis: Ein Ausgleich nach den Grundsätzen der Störung der Geschäftsgrundlage gemäß § 313 ist nicht gegeben.

III. Der Anspruch des M gegen F könnte sich aus einer Auseinandersetzung einer zwischen den Ehegatten stillschweigend begründeten sog. **Innengesellschaft** nach den gesellschaftsrechtlichen Regelungen der **§§ 722, 730 ff.** ergeben.

1. Die §§ 705 ff. sind neben den familienrechtlichen Ausgleichsbestimmungen **anwendbar**.[23]

2. Eine konkludente Vereinbarung einer **Ehegatteninnengesellschaft** könnte gegeben sein.[24] Erforderlich ist dafür zunächst, dass die Eheleute durch ihre beiderseitigen Leistungen einen über den typischen Rahmen der ehelichen Lebensgemeinschaft hinausgehenden Zweck verfolgen, indem sie etwa durch Einsatz von Vermögenswerten und Arbeitsleistungen gemeinsam ein Unternehmen aufbauen oder gemeinsam eine berufliche oder gewerbliche Tätigkeit ausüben. Des Weiteren muss die Tätigkeit des Ehegatten von ihrer Funktion her grundsätzlich als gleichberechtigte Mitarbeit anzusehen sein.

Ein solcher Fall liegt vor. Wenn ein Ehegatte über die bloße Verwirklichung der Lebensgemeinschaft hinaus zu einem gemeinschaftlichen Vorhaben der Ehegatten (z.B. zum Aufbau eines Unternehmens) oder zu einem wirtschaftlich – nicht formaljuristisch – gemeinschaftlichen Vermögen beiträgt, löst dies gesellschaftsrechtliche Ausgleichsansprüche aus.

---

23 Selbst wenn die Eheleute im gesetzlichen Güterstand leben und darüber ein Ausgleich denkbar wäre, besteht der gesellschaftsrechtliche Ausgleichsanspruch neben einem Anspruch auf Zugewinnausgleich; vgl. auch BGH NJW 2006, 1268 ff. Allerdings ist dann darauf zu achten, dass eine Doppelverwertung zum Nachteil eines Beteiligten verhindert wird, vgl. dazu Weinreich/Klein-Roßmann, Familienrecht, Vorbemerkung zu § 1372 Rn. 228 ff.

24 Ausführlich zur Ehegatteninnengesellschaft Roßmann, FuR 2011, 670 ff.

Die Annahme einer Ehegatteninnengesellschaft liegt nahe, wenn in der Ehe durch planvolle und zielstrebige Zusammenarbeit der Ehegatten erhebliche Vermögenswerte (z.B. ein Immobilienvermögen oder ein Unternehmen) angesammelt oder begründet werden, wobei nicht, wie z.B. beim Eigenheim, die Verwirklichung der Lebensgemeinschaft, sondern ein eheüberschreitender Zweck verfolgt wird. Geld-, Sach- und Arbeitsleistungen für den Erwerb oder Ausbau eines Familienvermögens sprechen für eine BGB-Innengesellschaft.

Daraus folgt nach den §§ 730 ff., 738 ff. bei Auflösung eine Auseinandersetzungsforderung des M gegen die F.

3. Der Gewinnverteilungsschlüssel folgt aus dem konkludent erklärten Gesellschafterwillen, hilfsweise aus § 722 Abs. 1 (gleiche Anteile).

Ergebnis: M hat einen Anspruch auf Zahlung von 500.000 €, soweit dies seiner Beteiligung an der Ehegatteninnengesellschaft entspricht.

Frage 2: Das zuständige Gericht

Das Amtsgericht – **Familiengericht** – Köln ist für diesen Anspruch zuständig. Die örtliche Zuständigkeit ergibt sich aus §§ 267 Abs. 2 FamFG i.V.m. §§ 12, 13 ZPO, die sachliche Zuständigkeit aus § 23 a Abs. 1 S. 1 Nr. 1 GVG i.V.m. § 111 Nr. 10 FamFG. Es handelt sich um eine sog. **sonstige Familiensache** nach § 266 Abs. 1 Nr. 3 FamFG, da es sich bei der Auflösung einer Ehegatteninnengesellschaft um Ansprüche zwischen ehemals miteinander verheirateten Personen im Zusammenhang mit Trennung oder Scheidung handelt.

Ergebnis: Der Ausgleichsanspruch ist vor dem Amtsgericht – **Familiengericht** – Köln geltend zu machen.

Voraussetzung ist also ein Gesellschaftsvertrag der Eheleute. Ein solcher kann aber auch vorliegen, ohne dass die Ehegatten ihr zweckgerichtetes Zusammenwirken bewusst als gesellschaftsrechtlichen Vertragsschluss qualifizieren. Im Gegensatz zur nichtehelichen Lebensgemeinschaft, bei der die h.M. mit der Annahme einer Gesellschaft ausgesprochen vorsichtig ist, ist nämlich die Ehe selbst bereits ein Konsensualvertrag mit gegenseitigen Rechten und Pflichten.

8. Teil: Ehewohnung und Hausrat

Fall 16: Der Streit geht weiter

Frau Fritz (F) erscheint in Ihrer Kanzlei und erbittet Auskunft in folgender Angelegenheit:

M und sie sind seit dem 18.01.2019 rechtskräftig geschieden. Aus der Ehe sind die Kinder Peter (geb. 2009), Paula (geb. 2012) und Vincent (geb. 2016) hervorgegangen. Die Parteien leben getrennt seit dem 10.09.2018. Damals ist M aus der gemeinsam seit 2005 gemieteten Wohnung (Tübingen, Hauptstraße 12, Wohnung Nr. 5) ausgezogen. Seitdem bewohnt F mit den drei minderjährigen Kindern die Wohnung. Nun möchte M aber in die Wohnung zurückkehren mit der Begründung, sie liege in der Nähe seines neuen Arbeitsplatzes. F benötigt die Wohnung allerdings für sich und die Kinder. Sie erklärt, dass ihr wegen schlechter finanzieller Verhältnisse ein Umzug nicht möglich ist. Auch liege die Wohnung direkt in der Nähe der Schule und des Kindergartens. M könne mittels öffentlicher Verkehrsmittel wegen der guten Verkehrsanbindung unproblematisch zu seiner neuen Arbeitsstelle kommen. Auch habe er ein Auto.

Ferner habe M angedroht, einige Gegenstände des Haushalts abzuholen. Insoweit sei eine Regelung notwendig, die klarstellt, dass insbesondere die Waschmaschine und der Trockner ihr erhalten bleiben.

F möchte des Weiteren den Pkw VW Passat zugewiesen bekommen. Diesen hatten die Eheleute im Februar 2017 angeschafft, insbesondere damit M seine Arbeitsstelle besser erreichen konnte. Man habe aber auch gelegentlich Einkäufe mit dem Auto erledigt bzw. Ausflüge vorgenommen. Dafür will F den Wagen jetzt schwerpunktmäßig einsetzen. Bei der Trennung hatte M den Wagen mitgenommen.

Schließlich hat M bei seinem Auszug aus der Ehewohnung den Hund Willi mitgenommen. F möchte ein Umgangsrecht mit dem Hund eingeräumt erhalten. Es existieren enge Bindungen der Kinder an das Tier, sodass ein zumindest gelegentlicher Umgang wünschenswert wäre.

F bittet nunmehr um Beantwortung folgender Fragen:

1. Kommt eine Zuweisung der Ehewohnung an F und eine entsprechende Umgestaltung des Mietvertrages in Betracht? Welches Verfahren wäre dabei anzuwenden?

2. Wie verhält es sich bzgl. der Waschmaschine, des Trockners sowie des Pkw?

3. Kommt ein Umgangsrecht mit dem Hund Willi in Betracht?

Frage 1: Zuweisung der Ehewohnung und Umgestaltung des Mietvertrages

Fraglich ist, ob F verlangen kann, dass die Mietwohnung zukünftig allein von ihr bewohnt wird und dass sie alleinige Partei des Mietvertrages wird.

I. Ein **Verfahren in Ehewohnungssachen** nach § 200 Abs. 1 Nr. 2 FamFG ist nur zulässig, wenn die Ehegatten keine Einigung über die Nutzung der Ehewohnung nach der Scheidung erzielen können.

Die Eheleute sind sich vorliegend über die künftige Nutzung der Wohnung uneins.

Das Verfahren nach §§ 200 ff. FamFG i.V.m. § 1568 a BGB kann nur von den Ehegatten eingeleitet werden. An die Sachanträge der Beteiligten ist das Gericht nicht gebunden. Es handelt sich lediglich um verfahrenseinleitende Anträge, vgl. § 23 FamFG. Gemäß § 26 FamFG gilt der Amtsermittlungsgrundsatz. Dies macht es jedoch nicht entbehrlich, dass der antragstellende Beteiligte die anspruchsbegründenden Tatsachen vorträgt und ggf. die erforderlichen Beweismittel benennt. Bei Nichtfeststellbarkeit einer Tatsache, z.B. unbilliger Härte, geht dies zulasten desjenigen, der hieraus Vorteile für sich herleiten will.

Leben die Ehegatten getrennt, sind aber noch nicht geschieden, gelten die §§ 1361 a und 1361 b.

II. Eine **Mietvertragsänderung** könnte in Betracht kommen.

Besteht ein Mietverhältnis, kann nach § 1568 a Abs. 1 der Ehegatte, der unter Berücksichtigung des Wohls der Kinder und der Lebensverhältnisse der Eheleute auf die Nutzung der Wohnung in stärkerem Maße angewiesen ist, die Überlassung der Wohnung fordern.

Der Vermieter ist immer Verfahrensbeteiligter, § 204 Abs. 1 FamFG.

Der Mietvertrag wird mit Rechtskraft der richterlichen Entscheidung von dem Ehegatten, dem die Wohnung überlassen wird, allein fortgesetzt, § 1568 a Abs. 3. Eine zusätzliche öffentliche oder privatrechtliche Genehmigung ist nicht erforderlich.

1. Haben beide Ehegatten den Mietvertrag (**gemeinsamer Mietvertrag**) unterzeichnet, wird dieser mit Rechtskraft der Entscheidung im Wohnungszuweisungsverfahren lediglich von einem Ehegatten fortgeführt, d.h. der betreffende Ehegatte setzt das Mietverhältnis allein fort. Der andere Ehegatte scheidet aus dem Mietverhältnis aus.

2. Dies bedeutet für den vorliegenden Fall, dass mit **Erfolgsaussicht** Antrag auf Zuweisung der Ehewohnung an die F gestellt werden kann. Der Richter hat seine Entscheidung nach billigem Ermessen zu treffen und hierbei die Umstände des Einzelfalles zu würdigen, insbesondere das Wohl der Kinder und die Interessen des Gemeinschaftslebens, § 1568 a Abs. 1. Das Wohl der Kinder ist wie bei § 1361 b das oberste Entscheidungskriterium. Die Bedürfnisse der gemeinsamen und auch der Stiefkinder an einer spannungsfreien und geordneten Familien- und Wohnsituation haben stets Vorrang. Weitere für die Ermessensentscheidung zu berücksichtigende Belange sind:

- Nähe der Wohnung zur Arbeitsstelle
- Alter, Gesundheitszustand der Eheleute
- Aufwendungen, die ein Ehegatte für die Wohnung allein erbracht hat
- Notwendigkeit der Wohnung für den Lebensunterhalt
- Umstand, dass ein Ehegatte die Wohnung schon vor Eheschließung bewohnt hat

- Nahe Angehörige eines Ehegatten leben im selben Haus bzw. unmittelbarer Umgebung
- Welchem Ehegatten fällt die Wohnungsneusuche leichter
- Wirtschaftliche und finanzielle Verhältnisse

Die F betreut die drei minderjährigen Kinder. Die örtliche Lage in der Nähe der Schule und des Kindergartens sprechen für die F. Die Kinder können bei Zuweisung der Wohnung an die F ihre vertraute Umgebung beibehalten. Insoweit spricht das Kindeswohl für eine Regelung zugunsten der F.

Hinzu kommt, dass M bedingt durch die günstige Verkehrsanbindung keine Probleme hat, seine neue Arbeitsstelle zu erreichen.

Damit ist die Wohnung der F zur alleinigen Nutzung zuzuweisen. Der bestehende Mietvertrag wird von der F allein fortgesetzt. M scheidet zeitgleich aus dem Mietvertrag aus.

Ergebnis: Ein Antrag der F auf Zuweisung der Ehewohnung und Umgestaltung des Mietvertrages ist unter den gegebenen Umständen erfolgreich.

Frage 2: Zuweisung der Waschmaschine, des Trockners und des Pkw

Fraglich ist, ob auch die Waschmaschine, der Trockner und der Pkw der F zur alleinigen Nutzung zugewiesen werden können.

Klausurtipp: Haushaltsgegenstände, die in diesem Verfahren verteilt werden, unterliegen nicht dem Zugewinnausgleich (Spezialität).

Nach § 1568 b dürfen nur diejenige Haushaltsgegenstände endgültig verteilt werden, die entweder beiden Eheleuten gemeinsam gehören oder zumindest als gemeinsamer Hausrat gelten. Steht das Alleineigentum eines Ehegatten fest, so kann er die betreffenden Sachen uneingeschränkt beanspruchen.

I. Die Waschmaschine und der Trockner sind zunächst zu behandeln.

1. Als **Haushaltsgegenstände** sind alle Gegenstände anzusehen, die nach den ehelichen Lebensverhältnissen üblicherweise in der Familie und im Haushalt verwendet werden, gleichgültig, wem sie gehören und welchen Wert sie haben, also z.B. die Wohnungsausstattung, Küchengeräte, Möbel, Einrichtungsgegenstände, Teppiche, Vorräte, Bücher (außer beruflicher Fachliteratur, die nur ein Ehegatte benötigt), Rundfunk-, Fernseh-, Video- und Phonogeräte einschließlich Platten, anderer Tonträger und Filme, Haustiere, gemeinsam benutzte Musikinstrumente, Sportgeräte.

Auch wertvolle Gegenstände einschließlich kostbarer Kunstgegenstände sind Hausrat, wenn sie nicht ausschließlich der Kapitalanlage dienen, als Hausratsgegenstände geeignet sind und nach dem Lebenszuschnitt der Ehegatten als solche dienen.

Die Waschmaschine und der Trockner sind danach eindeutig Haushaltsgegenstände.

2. Fraglich ist, ob eine Zuweisung an F möglich ist.

a) Nach § 1568 b gelten für die Verteilung des Hausrats folgende Grundsätze: Was einem Ehegatten nachweislich allein gehört (**Alleineigentum eines Ehegatten**), soll er behalten können. **Gemeinsames Eigentum** beider Ehegatten wird vom Richter „gerecht und zweckmäßig" verteilt, also einem Ehegatten zugewiesen. Alles, was im Laufe der Ehezeit für den gemeinsamen Haushalt angeschafft wurde, gilt im Zweifel nach § 1568 b Abs. 2 als gemeinsames Eigentum und kann deshalb vom Richter einem Ehegatten allein zugewiesen werden. Wenn allerdings bei einem während der Ehe angeschafften Hausratsgegenstand das Alleineigentum eines Ehegatten feststeht, also bewiesen werden kann, dass kein gemeinsames Eigentum besteht, so gilt die allgemeine Regel, dass dieser Gegenstand dem Ehegatten verbleiben soll, dem er gehört.

b) Der gemeinsame Haushalt ist nach billigem Ermessen gerecht und zweckmäßig zu verteilen, vgl. § 1568 b Abs. 1. Die maßgeblichen Kriterien sind insoweit

- Bedeutung der Gegenstände im Rahmen der Kindesbetreuung,
- Verwendung zu beruflichen Zwecken,
- Affektionsinteresse,
- bisherige überwiegende Benutzung.

Das Wohl der Kinder gebietet es in der Regel, dass der sorgeberechtigte Elternteil vom Haushalt diejenigen Gegenstände erhält, die er für die Kinder benötigt. Auch die wirtschaftlichen Verhältnisse der Ehegatten spielen eine Rolle, insbesondere, welcher von ihnen auf die Gegenstände in stärkerem Maße angewiesen ist, und welcher eher in der Lage erscheint, sich Ersatzhaushaltsgegenstände zu beschaffen.

Danach bestehen bezüglich Waschmaschine und Trockner keine Zweifel. Die F versorgt die drei Kinder und ist auf diese Gegenstände angewiesen. Sollten sich die Beteiligten nicht einigen können, wird das Gericht diese Gegenstände daher der F zuweisen.

Ergebnis: Die Waschmaschine und der Trockner werden der F zur alleinigen Nutzung zugewiesen.

II. Problematisch ist hingegen, ob F auch die Nutzung des **Pkw** für sich beanspruchen kann.

1. Der Pkw müsste zunächst ein **Haushaltsgegenstand** sein.

Ein Pkw ist schon nach dem allgemeinen Sprachgebrauch und der Verkehrsauffassung grundsätzlich kein Haushaltsgegenstand.[25] Eine andere Beurteilung kann ausnahmsweise dann gerechtfertigt sein, wenn das Fahrzeug kraft „Widmung" zum Gegenstand des gemeinsamen Haushalts geworden ist. Eine solche „Widmung" kann sich aus einer ausdrücklichen Vereinbarung der Ehegatten ergeben, aber auch durch entsprechendes schlüssiges Verhalten.

2. Die Anforderungen an eine **„Widmung" zum Haushaltsgegenstand** sind unzweifelhaft dann erfüllt, wenn der Pkw vollständig für die Haushalts- und gemeinsame private Lebensführung zur Verfügung stand und auf einen persönlichen, insbesondere beruflichen Gebrauch verzichtet wurde. Im Einzelfall mag darüber hinaus eine „Widmung" zum Haushalt auch dann in Betracht kommen, wenn der Pkw nicht ausschließlich, sondern nur überwiegend für Zwecke der Haushalts- und gemeinsamen privaten Lebensführung und daneben auch für persönliche und berufsbedingte Zwecke des Ehegatten benutzt wird.

Im vorliegenden Fall diente der Pkw sowohl für Zwecke der Haushalts- und gemeinsamen privaten Lebensführung der Parteien als auch für berufliche

---

25 Vgl. dazu Weinreich/Klein, Familienrecht, § 1361 a Rn. 8; OLG Düsseldorf NJW 2007, 1001.

Zwecke des M. Im Wesentlichen wurde der Pkw aber für Fahrten zwischen der Wohnung und der Arbeitsstätte des M benutzt. Eine „Widmung" zum Haushalt im oben angegebenen Sinn kann deshalb nicht festgestellt werden.

Wichtig:
Da der Pkw nach § 1568 b nicht „verteilt" werden kann, ist er im Rahmen des Zugewinnausgleichs nach §§ 1373 ff. zu berücksichtigen.

Ergebnis: Der Pkw ist kein Haushaltsgegenstand nach § 1568 b, sodass eine gerichtliche Zuweisung nicht in Betracht kommt.

Frage 3: Das Umgangsrecht mit dem Hund Willi

Nunmehr ist noch zu prüfen, ob der Mandantin und ihren Kindern ein Umgangsrecht mit dem Hund Willi zusteht.

I. Die Vorschriften des § 1568 b ist auf Tiere zumindest **entsprechend anzuwenden.**[26] Dieser Beurteilung steht auch nicht die Vorschrift des § 90 a entgegen. Danach sind Tiere zwar keine Sachen, aber die für Sachen geltenden Vorschriften sind auf sie entsprechend anzuwenden, soweit nichts anderes bestimmt ist.

II. Inwieweit aus § 1568 b ein **Umgangsrecht** abgeleitet werden kann, ist umstritten.

1. Eine Meinung leitet aus § 1568 b eine Umgangsregelung für Hunde entsprechend § 1684 her.[27]

2. Eine andere Auffassung[28] lehnt ein Umgangsrecht mit einem Hund hingegen mangels einer Rechtsgrundlage ab.

3. Letztgenannter Meinung ist auch zu folgen. Für die begehrte Umgangsregelung mangelt es an einer Rechtsgrundlage. F kann die erstrebte Umgangsregelung nicht aus § 1568 b herleiten. Diese Norm regelt lediglich die Zuweisung der einzelnen Haushaltsgegenstände zu Alleineigentum. Der Gesetzeszweck besteht darin, die zwischen den Eheleuten streitigen Eigentumsverhältnisse an einzelnen Haushaltsgegenständen endgültig zu klären und dabei eine Auseinandersetzung durch Verkauf des Haushalts zu vermeiden. Dementsprechend sieht die Vorschrift des § 1568 b die endgültige Zuweisung der einzelnen Haushaltsgegenstände zu Alleineigentum vor. Nach dem Gesetzeszweck verbietet sich daher die richterliche Anordnung einer gerade nicht endgültig verbindlichen Zuweisung, wie sie in der angestrebten Umgangsregelung gesehen werden muss. Eine solche Nutzungsüberlassung hinsichtlich eines Tieres, die im Gesetz nicht vorgesehen ist, dient gerade nicht der verbindlichen Klärung der Eigentumsverhältnisse am Hausrat, sondern provoziert im Gegenteil weitere zukünftige Streitigkeiten zwischen den geschiedenen Parteien.

Das Umgangsrecht mit dem Hund ist abzulehnen, da eine rechtliche Grundlage nicht existiert.

Ergebnis: Das Umgangsrecht mit dem Hund Willi kann somit nicht eingeräumt werden.

---

26 OLG Nürnberg, FamRZ 2017, 513.
27 AG Bad Mergentheim NJW 1997, 3033.
28 Palandt/Götz § 1684 Rn. 4 a.E.; OLG Hamm, FamRZ 2011, 893.

9. Teil: Der Ehevertrag

Fall 17: Der problematische Ehevertrag

Maria (M) heiratete am 11.06.2016 Victor (V). Zwei Tage vorher hatten M und V mittels eines notariellen Ehevertrages Gütertrennung vereinbart und etwaige Unterhaltsansprüche der M wie folgt begrenzt:

M sollte im Fall der Scheidung Unterhalt für Kindesbetreuung erhalten, und zwar bis zum 6. Lebensjahr des jüngsten Kindes i.H.v. 1.500 € bzw. vom 6. bis zum 12. Lebensjahr des jüngsten Kindes 1.000 €. Darüber hinaus wurde auf Unterhalt jedweder Art, also auch bei Alter oder Krankheit verzichtet.

Die Ehe von M und V wird bereits am 10.07.2019 rechtskräftig geschieden. M, die das gemeinsame Kind Laura (geboren am 15.09.2017) betreut, verlangt von V Unterhalt nach § 1570 i.H.v. 3.000 €. V erklärt, dass die Unterhaltshöhe grundsätzlich zutreffend sei, da er als Manager eines Unternehmens gut verdiene. Er beruft sich jedoch auf den Ehevertrag aus dem Jahre 2016, der eine Unterhaltsbegrenzung vorsehe.

M ist hingegen der Auffassung, dass der Ehevertrag nichtig ist, da sie bei Vertragsschluss im siebten Monat schwanger war und V sich geweigert habe, sie ohne Ehevertrag zu heiraten. Sie habe diesem Ehevertrag letztlich nur zugestimmt, weil sie gewollt habe, dass Laura ehelich geboren wird. Schließlich sei Grundlage der Unterhaltsvereinbarung gewesen, dass V ein Nettoeinkommen von 6.000 € erwirtschaftet, sodass der Unterhalt der M 25% bzw. später 16,6% der Nettoeinkünfte des V betragen sollte; insoweit habe sich M beruflich aber erheblich verbessert, denn er verdiene mittlerweile sogar 12.000 € monatlich netto.

Wie ist die Rechtslage?

Unterhaltsanspruch der M gegen V

M könnte einen nachehelichen Unterhaltsanspruch gegen V i.H.v. 3.000 € nach **§ 1570** haben.

Allgemeine Voraussetzungen eines Unterhaltsanspruchs sind:
1. Unterhaltstatbestand;
2. Unterhaltsbedarf;
3. Bedürftigkeit;
4. Leistungsfähigkeit;
5. keine Ausschlussgründe (etwa Verwirkung nach § 1579 BGB).

I. Nach § 1570 kann ein geschiedener Ehegatte von dem anderen Unterhalt verlangen, solange und soweit von ihm wegen der Pflege oder Erziehung eines gemeinschaftlichen Kindes eine Erwerbstätigkeit nicht erwartet werden kann. § 1570 BGB räumt Unterhalt zumindest bis zur Vollendung des dritten Lebensjahres des Kindes ein.

Die Ehe von M und V wurde am 10.07.2019 rechtskräftig geschieden. M betreut nach der Scheidung das gemeinsame Kind Laura; aus diesem Grunde kann sie einer Erwerbstätigkeit nicht nachgehen.

II. Der **Unterhaltsbedarf** bestimmt sich gemäß **§ 1578 Abs. 1** nach den ehelichen Lebensverhältnissen.

Bedarfsberechnung: Die Erwerbseinkünfte der Eheleute sind zu addieren und dann hälftig zu teilen (sog. Halbierungstheorie).

Maßgeblich sind danach die sog. prägenden Einkünfte, also das Geld, das die Eheleute zum täglichen Leben verfügbar hatten. Insoweit fehlen genauere Angaben, jedoch ist ein grundsätzlicher Bedarf der M von 3.000 € unter den Beteiligten unstreitig und kann daher hier zugrunde gelegt werden.

III. Bedürftig ist nach § 1577 Abs. 1, wer sich nicht selbst unterhalten kann. Dies ist anzunehmen, da M wegen der Betreuung von Laura einem Erwerb nicht nachgehen kann.

IV. V ist, wie er selber zugibt, **leistungsfähig**, d.h. er könnte den geforderten Unterhalt entrichten, ohne dabei seinen eigenen Lebensbedarf zu gefährden, vgl. § 1581.

V. Fraglich ist allerdings, ob M wirksam durch **Ehevertrag** auf Unterhalt verzichtet hat. Grundsätzlich können Ehegatten Vereinbarungen über den nachehelichen Unterhalt treffen, vgl. § 1585 c.

Klausurtipp:
Die Thematik „Ehevertrag" ist seit dem Jahre 2004 infolge der Änderung der höchstrichterlichen Rspr. aktuell. Während früher Eheverträge aufgrund der Vertragsfreiheit so gut wie nicht kontrolliert wurden, ist nunmehr jeder Ehevertrag eingehend zu überprüfen.

1. Vereinbarungen, durch welche Ehegatten den Unterhalt oder ihre Vermögensverhältnisse für den Fall der Scheidung abweichend von den gesetzlichen Vorschriften regeln, unterliegen der **Inhaltskontrolle**. Hierbei unterscheidet man zwischen einer Wirksamkeitskontrolle gemäß § 138, die auf den Zeitpunkt des Zustandekommens des Ehevertrags abzustellen hat, und einer Ausübungskontrolle gemäß § 242, bei der – abgestellt auf die aktuellen Lebensverhältnisse der Parteien – überprüft wird, ob die Berufung auf einzelne oder alle vertraglichen Regelungen nunmehr unzulässig ist.

Sittenwidrigkeit und daher Nichtigkeit nach § 138 Abs. 1 kommt nur in Betracht, wenn durch den Vertrag Regelungen aus dem Kernbereich des gesetzlichen Scheidungsfolgenrechts ganz oder jedenfalls zu erheblichen Teilen abbedungen werden, ohne dass dieser Nachteil für den anderen Ehegatten durch anderweitige Vorteile gemildert oder durch besondere Verhältnisse der Ehegatten, den von ihnen angestrebten oder gelebten Ehetyp oder durch sonstige gewichtige Belange des begünstigten Ehegatten gerechtfertigt wird.

Der **Kernbereich des Scheidungsfolgenrechts** stellt sich wie folgt dar: Der Betreuungsunterhalt (§ 1570) ist am höchsten in der Rangabstufung anzusetzen, danach folgt der Krankheitsunterhalt (§ 1572) und Unterhalt wegen Alters (§ 1571). Der Versorgungsausgleich steht mit dem Altersunterhalt auf gleicher Stufe. Weitestgehend disponibel ist das Güterrecht sowie Aufstockungsunterhalt, Ausbildungsunterhalt und Erwerbslosenunterhalt.

2. Eine Sittenwidrigkeit des Ehevertrags nach § 138 könnte gegeben sein.

a) M hat vorgetragen, dass sie aufgrund der **Schwangerschaft** Wert darauf gelegt habe, dass das erwartete Kind ehelich geboren werde. V habe sich jedoch geweigert, sie ohne Ehevertrag zu heiraten.

Schwangerschaft indiziert eine gestörte Vertragsparität.

Trotz der subjektiven Unterlegenheit geht die h.M.[29] davon aus, dass eine Schwangerschaft der Frau bei Abschluss des Ehevertrags für sich allein zwar noch keine Sittenwidrigkeit des Ehevertrags zu begründen vermag. Sie indiziert aber eine ungleiche Verhandlungsposition und damit eine Disparität bei Vertragsabschluss. Der Vertrag ist daher einer verstärkten (richterlichen) Kontrolle zu unterziehen, wobei in einer Gesamtschau alle maßgeblichen Faktoren zu berücksichtigen sind.

---

29 Vgl. BGH NJW 2005, 2386 (2389).

b) Die erforderliche „Gesamtschau" ist vorzunehmen.

aa) Zunächst ist der Ehevertrag jedoch nicht schon deshalb für sittenwidrig zu erachten, weil die Ehegatten den **Betreuungsunterhalt** abweichend von den gesetzlichen Vorschriften geregelt haben.

Zwar gehört der Betreuungsunterhalt zum Kernbereich der Scheidungsfolgen. Es ist jedoch nicht ersichtlich, dass die von den Ehegatten insoweit getroffene eigenständige Regelung die M – gemessen an den Verhältnissen im Zeitpunkt des Vertragsschlusses – in sittenwidriger Weise benachteiligt. In zeitlicher Hinsicht ist eine solche Benachteiligung der M zwar nicht schon deshalb ausgeschlossen, weil das Gesetz für den Unterhaltsanspruch der mit dem Vater nicht verheirateten Mutter einen engeren Zeitrahmen, nämlich nach § 1615 l Abs. 2 S. 3 grundsätzlich nur drei Jahre, vorgibt.

Die Beteiligten haben in ihrem Ehevertrag allerdings auch die Höhe des Betreuungsunterhalts abweichend von den gesetzlichen Vorgaben geregelt und auf einen Betrag von zunächst 1.500 €, für die Zeit ab Vollendung des sechsten Lebensjahres des Kindes auf 1.000 € festgeschrieben. Eine solche Fixierung der Unterhaltshöhe ist zwar nicht schon deshalb unproblematisch, weil der vorgesehene Unterhaltsbetrag den Betrag, der von der Rspr. als Existenzminimum angesehen wird, übersteigt. Sie rechtfertigt das Verdikt der Sittenwidrigkeit aber nicht schon dann, wenn der eheangemessene Unterhalt (§ 1578) – nach den im Zeitpunkt des Vertragsschlusses bestehenden oder vorhersehbaren Einkommensverhältnissen – nicht erreicht ist, sondern allenfalls dann, wenn die vertraglich vorgesehene Unterhaltshöhe nicht annähernd geeignet ist, die ehebedingten Nachteile der M auszugleichen. Das ist hier nicht ersichtlich. Auf einen Vergleich mit den (hier: späteren) ehelichen Lebensverhältnissen kommt es nicht an, weil es insoweit nur um den Ausgleich ehebedingter Nachteile gehen kann.

Nach wie vor ist sehr umstritten, ab wann eine Erwerbsobliegenheit der ein Kind betreuenden Mutter besteht. Nach §§ 1569, 1570 ist Unterhalt nur noch für die drei ersten Lebensjahre des Kindes vorgesehen. Dieser Zeitrahmen wird aber aus Gründen der Billigkeit verlängert; insoweit müssen elternbezogene oder kindbezogene Gründe für eine Verlängerung vorliegen.

bb) Dem **Unterhalt wegen Alters oder Krankheit (§§ 1571, 1572)**, den die Parteien hier ebenfalls ausgeschlossen haben, misst das Gesetz zwar als Ausdruck nachehelicher Solidarität besondere Bedeutung bei. Das schließt eine vertragliche Disposition über diese Unterhaltsansprüche jedoch nicht schlechthin aus. Auch im vorliegenden Fall bestehen gegen den Ausschluss dieser Unterhaltsansprüche – unter dem Gesichtspunkt des § 138 Abs. 1 – keine Bedenken.

Das ergibt sich bereits daraus, dass im Zeitpunkt des Vertragsschlusses für die Beteiligten noch nicht absehbar war, ob, wann und unter welchen wirtschaftlichen Gegebenheiten die M wegen Alters oder Krankheit unterhaltsbedürftig werden könnte. Dies gilt umso mehr, als die M jedenfalls für die Zeit der Kindesbetreuung durch den vereinbarten Betreuungsunterhalt jedenfalls aus damaliger Sicht auch gegen das Risiko der Krankheit – und zwar unabhängig von der unterhaltsrechtlichen Leistungsfähigkeit des V – abgesichert war.

cc) Auch gegen den Ausschluss des **Unterhalts wegen Erwerbslosigkeit** sind unter dem Gesichtspunkt des § 138 Abs. 1 Bedenken nicht zu erheben. Dieser Unterhaltstatbestand erscheint nachrangig, weil das Gesetz das Arbeitsplatzrisiko ohnehin auf den Berechtigten verlagert, sobald dieser einen nachhaltig gesicherten Arbeitsplatz gefunden hat (§ 1573 Abs. 4).

dd) Der von M und V vereinbarte **Verzicht auf Aufstockungsunterhalt und auf Billigkeitsunterhalt (§§ 1573 Abs. 2, 1576)** rechtfertigt schon

Der Aufstockungsunterhalt nach § 1573 Abs. 2 ist insbesondere für Doppelverdienerehen mit Einkommensdiskrepanz bedeutsam.

nach der Bedeutung dieser Unterhaltstatbestände im System des Scheidungsfolgenrechts das Verdikt der Sittenwidrigkeit regelmäßig nicht.

ee) Für die Vereinbarung des Wahlgüterstands der **Gütertrennung** gilt nichts anderes.

ff) Auch bei einer abschließenden **Gesamtschau aller vorstehenden Gesichtspunkte** kommt eine Sittenwidrigkeit nicht in Betracht.

Ergebnis: Der Ehevertrag von M und V ist nicht nach § 138 Abs. 1 wegen Sittenwidrigkeit nichtig.

3. Bei der **Ausübungskontrolle** ist zu überprüfen, inwieweit V, die ihm durch die Vereinbarung eingeräumte Rechtsmacht entgegen § 242 missbraucht, wenn er sich auf die im Ehevertrag vorgesehene Regelung beruft. Dafür sind anders als bei der Wirksamkeitskontrolle die Verhältnisse zum Zeitpunkt des Scheiterns der Lebensgemeinschaft maßgebend. Ergibt sich aus diesem Blickwinkel eine einseitige Lastenverteilung, die für den belasteten Ehegatten – hier die M – unter angemessener Berücksichtigung der Belange des Pflichtigen und dessen Vertrauen in die Geltung der getroffenen Vereinbarung sowie bei verständiger Würdigung des Wesens der Ehe unzumutbar ist, so ist diejenige Rechtsfolge anzuordnen, die den berechtigten Belangen beider Parteien Rechnung trägt. Dabei wird man sich umso stärker an der gesetzlichen Regelung orientieren **müssen**, „je zentraler die Rechtsfolge im Kernbereich des gesetzlichen Scheidungsfolgenrechts angesiedelt ist“.

Anhaltspunkte dafür, dass überwiegende schutzwürdige Interessen der M der Berufung des V auf den Ehevertrag entgegenstehen, sind nicht ersichtlich.

4. Allerdings finden auf Eheverträge, soweit die tatsächliche Gestaltung der ehelichen Lebensverhältnisse von der ursprünglichen Lebensplanung, die die Parteien dem Vertrag zugrunde gelegt haben, abweicht, auch die **Grundsätze über den Wegfall der Geschäftsgrundlage (§ 313 Abs. 1)** Anwendung.[30] Dabei kann allerdings ein Wegfall der Geschäftsgrundlage nicht schon deswegen angenommen werden, weil ein Vertragspartner ein erheblich höheres Einkommen als der andere erzielt. Dies gilt umso weniger, als Eheverträge, die gesetzliche Scheidungsfolgen abbedingen, üblicherweise gerade im Hinblick auf solche bestehenden oder sich künftig ergebenden Unterschiede in den wirtschaftlichen Verhältnissen geschlossen werden. Ein Wegfall der Geschäftsgrundlage kommt daher allenfalls in Betracht, wenn die Parteien bei Abschluss des Vertrages ausnahmsweise eine bestimmte Relation ihrer Einkommens- und Vermögensverhältnisse als auch künftig gewiss angesehen und ihre Vereinbarung darauf abgestellt haben.

Die Parteien sind bei ihrem Vertragsabschluss von solchen Erwägungen ausgegangen, d.h. sie haben für die ersten Lebensjahre des Kindes eine Relation von 25% der Nettoeinkünfte des V der Unterhaltsbemessung zugrunde gelegt. Da V jedoch mittlerweile erheblich mehr verdient, ist eine Vertragsanpassung nach § 313 Abs. 1 geboten, d.h. der Unterhaltsanspruch der M ist mit 3.000 € zu berechnen.

Ergebnis: M kann Unterhalt i.H.v. 3.000 € monatlich von V verlangen.

---

30 Palandt/Brudermüller § 1408 Rn. 12; BGH FamRZ 2012, 525.

10. Teil: Der Kindesunterhalt

Fall 18: Der zweifelnde Vater

Klaus (K) ist der 8-jährige Sohn von Rainer (R). K verlangt von seinem Vater, der in München lebt, Unterhalt für die Zeit ab dem 01.07.2019. K lebt bei seiner Mutter (M) in Würzburg, die immer noch mit R verheiratet ist, jedoch von R seit Mai 2019 getrennt lebt. M hat R auch schon zur Zahlung von 345 € Kindesunterhalt aufgefordert; dieser Betrag wurde von ihrer Rechtsanwältin (unter Berücksichtigung der sog. Düsseldorfer Tabelle) berechnet. R ist jedoch zur Zahlung von Kindesunterhalt für K nicht bereit. Er sei überhaupt nicht sicher, der Vater von K zu sein. Zwar sei die Ehe mit M vor zehn Jahren geschlossen worden, doch habe M verschiedene männliche Bekannte gehabt, wobei sexuelle Kontakte nicht ausgeschlossen werden könnten. Auch bestehe keine wirtschaftliche Not, denn M hätte ihre Eltern vor drei Jahren beerbt. Dabei hätte M über eine Million Euro erlangt. Auch K habe von seinen Großeltern ein Vermögen von 25.000 € übertragen bekommen. K bzw. seine Mutter verweigerten eine Verwertung dieses Betrags zu Unterhaltszwecken, d.h. man habe nur die Zinsen bei der Unterhaltsberechnung berücksichtigt. Er sei für den geltend gemachten Unterhalt zwar leistungsfähig, würde diesen aber lieber in Form von Kleidungsstücken, Lebensmitteln und Büchern liefern; dann wisse er auch, was K konkret bekomme.

M möchte gegen R gerichtlich vorgehen, damit Kindesunterhalt bezahlt wird. Ihre Rechtsanwältin soll vorab gutachtlich sowohl in verfahrensrechtlicher als auch materiell-rechtlicher Hinsicht die Erfolgsaussichten des beabsichtigten Unterhaltsantrags untersuchen. Insbesondere ist unklar, ob der Kindesunterhalt von M oder von K selber einzufordern ist.

Das Gutachten der Rechtsanwältin ist zu erstellen.

Anspruch K gegen R auf Zahlung von Kindesunterhalt

A. Die Zulässigkeit eines Kindesunterhaltsantrags

Die folgenden Ausführungen zur Zulässigkeit des Kindesunterhaltsverfahrens sind anspruchsvoll, sollten Ihnen aber bekannt sein.

Der zu erhebende Antrag müsste zulässig sein.

I. Die **Zuständigkeit** des Gerichts ist zu prüfen.

1. Die **sachliche Zuständigkeit** des Amtsgerichts ergibt sich bei Unterhaltsverfahren der Kinder gegen ihre Eltern aus § 23 a Abs. 1 S. 1 Nr. 1 GVG i.V.m. § 111 Nr. 8 FamFG.

2. Funktionell ist nach § 23 b Abs. 1 GVG die Abteilung für Familiensachen zuständig.

3. Die **örtliche Zuständigkeit** ist nach § 232 Abs. 1 Nr. 2 FamFG zu ermitteln, d.h. diese richtet sich nach dem gewöhnlichen Aufenthalt des Kindes. Damit ist der Unterhaltsantrag des K in Würzburg beim Amtsgericht – Familiengericht – zu erheben.

Dieses Zuständigkeitsprivileg gilt auch für volljährige, privilegierte Kinder i.S.v. § 1603 Abs. 2 S. 2.

II. Der Antrag richtet sich auf Erlass eines Titels i.S.v. **§§ 253, 258 ZPO**, der wiederkehrende Leistungen, nämlich Unterhalt, zum Gegenstand hat.

Auch für Unterhaltssachen besteht bereits in erster Instanz Anwaltszwang nach § 114 Abs. 1 FamFG.

1. § 258 ZPO ermöglicht die **Titulierung künftiger Ansprüche** im Falle wiederkehrender Leistungen (sog. Rentenklage). Der Unterhaltsgläubiger erhält einen Vollstreckungstitel, damit er sich bei Fälligkeit seines Anspruchs unverzüglich die für die Lebensführung notwendigen Mittel besorgen kann. Auch soll andauernden Rechtsstreitigkeiten vorgebeugt werden.

2. Wiederkehrende Leistungen i.S.v. § 258 ZPO sind solche, die sich in ihrer Gesamtheit als Folge ein und desselben Rechtsverhältnisses ergeben, sodass die einzelne Folge nur noch vom Zeitablauf abhängig ist, ohne dass aber der Umfang der Schuld von vornherein feststeht. Die (künftigen) Leistungen müssen bereits der Höhe nach bestimmbar sein, also mit ausreichender Sicherheit feststehen, wobei die noch nicht konkretisierbare Möglichkeit späterer Einwendungen dem Rentenurteil nach § 258 ZPO nicht entgegenstehen.

Allerdings muss gegenwärtig bereits ein Unterhaltsanspruch bestehen, da § 258 ZPO „auch" wegen künftiger Ansprüche die Klage ermöglicht. Besteht gegenwärtig (noch) kein Anspruch, ist die Klage als unzulässig abzuweisen.

Der gesetzliche Unterhaltsanspruch entsteht nach dem materiellen Recht in jedem Augenblick neu, in dem die dafür erforderlichen gesetzlichen Voraussetzungen vorliegen. Der einmal entstandene Unterhaltsanspruch wird durch die Klage und das Urteil nach § 258 ZPO als einheitliches, bis zum Wegfall seiner Voraussetzungen andauerndes, auflösend bedingtes Recht auf wiederkehrende Leistungen behandelt.

Der gerichtliche Unterhaltsantrag betrifft somit künftig wiederkehrende Leistungen i.S.v. § 258 ZPO. Der Antrag ist zu richten auf Zahlung von monatlichem Kindesunterhalt i.H.v. 345 €.

III. Die **Vertretung** im Falle des Unterhalts für minderjährige Kinder ist problematisch.

1. Das Vertretungsrecht der M könnte sich aus § 1629 Abs. 2 S. 2 ergeben.

Die Eltern von K sind getrennt lebende Eheleute, die gemeinsam die elterliche Sorge für K haben. Der Elternteil, in dessen Obhut sich das Kind befindet, übernimmt die Vertretung des Kindes gemäß § 1629 Abs. 2 S. 2 bei Geltendmachung des Unterhaltsanspruchs gegen den anderen Elternteil. Insoweit ergibt sich – allerdings nur für Unterhaltsfragen – ein Alleinvertretungsrecht. Ansonsten bleibt es bei gemeinsamer Vertretung durch beide Elternteile. Danach wäre der Unterhaltsantrag an und für sich im fremden Namen, d.h. im Namen des Kindes, geboten.

Prozessstandschaft bedeutet, dass ein fremdes Recht in eigenem Namen eingeklagt wird.

Wird das betreffende Kind volljährig, findet automatisch ein gesetzlicher Parteiwechsel statt (der keiner Zustimmung des Verfahrensgegners bedarf und nicht den Regeln der Antragsänderung unterliegt).

2. Allerdings ist § 1629 Abs. 3 zu beachten. Aus dieser Vorschrift ergibt sich zwingend eine **gesetzliche Prozessstandschaft**, sodass der Elternteil, in dessen Obhut sich das Kind befindet, dessen Unterhaltsanspruch im eigenen Namen gerichtlich geltend machen muss. Dem Kind sollen durch diese Regelung Konflikte erspart bleiben, die durch Einbeziehung in das Scheidungsverfahren der Eltern auftreten könnten. Dies alles gilt für minderjährige Kinder, wenn ihre Eltern getrennt leben bzw. wenn zwischen den Eltern eine Ehesache anhängig ist.

Die Rechtsanwältin stellt also den Unterhaltsantrag für die Mutter bzw. im Namen der Mutter; die Mutter ist Partei dieses Kindesunterhaltsverfahrens.

IV. Das **Rechtsschutzbedürfnis** für einen Unterhaltsantrag (mit der Folge eines Vollstreckungstitels) besteht selbst dann, wenn der Schuldner bisher regelmäßig, pünktlich und auch in voller Höhe gezahlt hat. Dies begründet sich damit, dass der Schuldner seine freiwillige Zahlung jederzeit einstellen kann. § 258 ZPO will den Unterhaltsgläubiger der Notwendigkeit entheben, erst nach Fälligkeit – also mit Zeitverlust – auf die wiederkehrenden und oftmals lebensnotwendigen Leistungen klagen zu müssen.

Ergebnis: Werden die genannten Voraussetzungen beachtet, dann liegt ein zulässiger Kindesunterhaltsantrag vor.

B. Die Begründetheit eines Kindesunterhaltsantrags

Der zu erhebende Antrag könnte auch begründet sein. Dann müssten die Voraussetzungen der §§ 1601 ff. vorliegen. Dies ist nunmehr zu prüfen.

I. Der **Anspruch nach § 1601** setzt zunächst voraus, dass K mit R in gerader Linie verwandt ist, § 1589.

Da M und R zum Zeitpunkt der Geburt miteinander verheiratet waren, gilt R nach § 1592 Nr. 1 als gesetzlicher Vater des K. Unerheblich ist insoweit die Lage zum Zeitpunkt der Zeugung des Kindes. Dies gilt auch, wenn M sexuellen Kontakt zu anderen Männern hatte und eine biologische Vaterschaft des R zweifelhaft erscheint. In einem solchen Fall steht dem R allenfalls die Möglichkeit der Vaterschaftsanfechtung nach §§ 1599 ff. zur Verfügung. Solange jedoch noch keine rechtskräftige Feststellung dahingehend erfolgt ist, dass R nicht der Vater des K ist, greift § 1592 Nr. 1 uneingeschränkt ein. Damit gilt R jedenfalls rechtlich als Vater des K und ist mit diesem in gerader Linie i.S.v. §§ 1589, 1601 verwandt und damit dem Grunde nach unterhaltspflichtig.

II. Nunmehr ist der Bedarf des K nach **§§ 1610, 1612** zu ermitteln.

1. Fraglich ist die **Art der Unterhaltsgewährung**. Grundsätzlich gilt, dass der Unterhaltsanspruch gemäß § 1612 Abs. 1, Abs. 3 in einer monatlich im Voraus zu zahlenden Geldrente zu gewähren ist.

Nach § 1612 Abs. 2 S. 1 können die Eltern eines unverheirateten Kindes aber eine Unterhaltsbestimmung dahingehend treffen, dass sie Naturalunterhalt gewähren. Dabei haften beide Elternteile nach § 1606 Abs. 3 S. 1 gleichrangig und anteilig nach ihren Erwerbs- und Vermögensverhältnissen.

Anders liegt der Fall jedoch bei getrennt lebenden Elternteilen. Da eine beiderseitige Erbringung von Naturalunterhalt in solchen Fällen nicht möglich ist, wird der Unterhalt vom betreuenden Elternteil in der Regel als Naturalunterhalt und vom nicht betreuenden Elternteil in Form einer Geldrente gemäß § 1612 Abs. 1 S. 1 erbracht.

§ 1606 Abs. 3 S. 2 stellt dabei ausdrücklich klar, dass Naturalunterhalt durch Pflege und Erziehung zur Leistung einer Geldrente gleichwertig ist; der betreuende Elternteil also durch die Betreuung seiner Unterhaltspflicht in vollem Maße nachkommt.

Da sich K in der Obhut der M befindet und diese somit Naturalunterhalt leistet, bleibt für R nur die Leistung einer Geldrente übrig. Eine Ausnahme kommt nach § 1612 Abs. 1 S. 2 in Betracht, wenn der Unterhaltsverpflichtete besondere Gründe für eine anderweitige Regelung vorzutragen weiß. Dies ist aber nicht ersichtlich.

R hat somit Unterhalt in Form einer monatlich im Voraus zu zahlenden Geldrente zu erbringen.

2. Fraglich ist jedoch das **Maß des Unterhalts, § 1610 Abs. 1**.

In der Praxis wird zur Berechnung des Unterhaltsbedarfs dabei die Düsseldorfer Tabelle herangezogen.

Nach § 1610 Abs. 1 richtet sich dieses nach der Lebensstellung des Bedürftigen. Ein Minderjähriger hat allerdings noch keine eigene Lebensstellung; vielmehr wird diese von der Lebensstellung der Eltern abgeleitet. Soweit nur ein Elternteil barunterhaltspflichtig ist, ist zur Bemessung des Unterhaltsbedarfs daher dessen Einkommen heranzuziehen.

R bestreitet nicht, dass die Berechnung des Unterhalts i.H.v. 345 € richtig ist. Somit kann dieser Betrag als Bedarf zugrunde gelegt werden.

III. K müsste **bedürftig i.S.v. § 1602** sein.

Das Vermögen der M ist in diesem Zusammenhang unbeachtlich; dieses steht allenfalls einem Anspruch auf Ehegattenunterhalt entgegen.

Dies ist zu bejahen, wenn er außerstande ist, sich selbst zu unterhalten. K verfügt über kein eigenes Erwerbseinkommen, sodass einzig und allein das geerbte Vermögen i.H.v. 25.000 € zu beachten sein könnte.

Jedoch ergibt sich aus § 1602 Abs. 2 S. 1, dass vorhandenes Vermögen einem Unterhaltsanspruch eines minderjährigen unverheirateten Kindes nicht entgegensteht. Vielmehr muss sich K nur die Einkünfte aus seinem Vermögen anrechnen lassen, nicht aber den Vermögensstamm selber verwerten.

Somit sind allein die Zinsen aus dem Vermögen bedarfsmindernd zu berücksichtigen.

IV. R selber räumt ein, ausreichend leistungsfähig nach **§ 1603** zu sein, um den geforderten Kindesunterhalt zahlen zu können.

Ergebnis: Eine gerichtlicher Antrag gerichtet auf Zahlung von Kindesunterhalt gegen R ist somit erfolgversprechend.

Fall 19: Hausmann ohne Einkommen

Peter (P) ist der 10-jährige Sohn von Victor (V) aus dessen geschiedener Ehe mit Miriam (M). Bislang zahlte V freiwillig monatlichen Unterhalt i.H.v. 325 € für P. Diese Zahlungen stellte V zum 01.07.2019 ein. Er begründet dies damit, dass er seit einem Jahr wieder verheiratet und aus dieser Ehe im März 2018 ein Kind hervorgegangen ist. Deshalb habe er seine Tätigkeit als angestellter Architekt aufgegeben. Während er in der Vergangenheit 2.200 € netto verdient habe und zur Zahlung des Kindesunterhalts leistungsfähig war, sei dies jetzt nicht mehr der Fall. Der Verdienst seiner neuen Ehefrau betrage ebenfalls 2.200 €.

P sucht mit seiner Mutter die Rechtsanwältin Winkler auf. Sie sind nicht damit einverstanden, dass V nunmehr als Hausmann keine Einkünfte erwirtschaftet und keinen Kindesunterhalt zahlt. Die Rechtsanwältin soll gutachtlich die Rechtsansicht des V überprüfen. Dabei ist davon auszugehen, dass der früher gezahlte Unterhalt von 325 € bei Nettoeinkünften des V von 2.200 € angemessen ist.

Abwandlung:

V übernimmt in der neuen Ehe die Haushaltsführung, weil seine neue Partnerin als selbstständige Unternehmensberaterin monatlich 12.000 € verdient. Trotz allem hätte V die Möglichkeit, im Rahmen einer Nebentätigkeit 500 € monatlich zu verdienen. Dies lehnt er ab, weil er über ein für ihn ausreichendes Taschengeld von 720 € monatlich verfügt (6% des Familieneinkommens). Kann P Unterhaltsansprüche i.H.v. 325 € gegen V geltend machen?

Anspruch des K gegen V auf Zahlung von Kindesunterhalt

I. Der Unterhaltsanspruch des P könnte nach **§§ 1601 ff.** gegeben sein.

1. Der Anspruch nach § 1601 setzt zunächst voraus, dass P mit V **in gerader Linie verwandt** ist, § 1589.

Da M und V zum Zeitpunkt der Geburt miteinander verheiratet waren, gilt V nach § 1592 Nr. 1 als gesetzlicher Vater des P und ist damit dem Grunde nach unterhaltspflichtig.

2. P wird von seiner Mutter im Rahmen der Geltendmachung der Unterhaltsansprüche gemäß § 1629 Abs. 2 S. 2 gesetzlich vertreten.

II. Fraglich ist das Maß des Unterhalts nach **§§ 1610, 1612**. Nach § 1610 Abs. 1 richtet sich dieses nach der Lebensstellung des Bedürftigen. Ein Minderjähriger hat allerdings noch keine eigene Lebensstellung; vielmehr wird diese von der Lebensstellung der Eltern abgeleitet. Soweit nur ein Elternteil barunterhaltspflichtig ist, ist zur Bemessung des Unterhaltsbedarfs daher dessen Einkommen heranzuziehen.

1. Ein haushaltsführender Ehegatte hat kein Erwerbseinkommen, sondern lebt von der Unterhaltsleistung des Partners. Danach besteht grundsätzlich kein Unterhaltsanspruch gegen V.

Beliebtes Klausurthema: Auch wer kein Geld verdient, muss gegebenenfalls Unterhalt zahlen, wenn er gegen eine Erwerbsobliegenheit verstößt. Ihm werden dann fiktive Einkünfte zugerechnet.

2. Fraglich ist, ob sog. „fiktive Einkünfte" angenommen werden können.

V verdiente, bevor es zu dem „Rollenwechsel" kam, 2.200 € als angestellter Architekt. Fraglich ist daher, ob der Rollenwechsel (Übernahme der Haushaltsführung in der neuen Partnerschaft) zum Wegfall oder zur Reduzierung des Unterhaltsanspruchs führen kann. Der unterhaltspflichtige Vater unterliegt seinen minderjährigen Kindern gegenüber einer Erwerbsobliegenheit. Kommt er dieser Obliegenheit nicht nach, können sog. fiktive Einkünfte dem Unterhaltsanspruch zugrunde gelegt werden, d.h. es wird für Unterhaltszwecke nach wie vor von Einkünften des V i.H.v. 2.200 € ausgegangen.

a) Dann müsste V gegen eine solche **Erwerbsobliegenheit** verstoßen haben.

Die unterhaltsrechtliche Verpflichtung zur Aufnahme einer zumutbaren Erwerbstätigkeit entfällt gegenüber minderjährigen unverheirateten Kindern also nicht ohne Weiteres dadurch, dass der Unterhaltspflichtige eine neue Ehe eingegangen ist und darin im Einvernehmen mit seinem Ehegatten allein die Haushaltsführung übernommen hat. Zwar können die Ehegatten nach § 1356 Abs. 1 die Haushaltsführung im gegenseitigen Einvernehmen regeln und sie dabei einem von ihnen allein überlassen. Unterhaltsrechtlich entlastet die Haushaltsführung den Ehegatten aber nur gegenüber den Mitgliedern der durch die Ehe begründeten neuen Familie.

Minderjährigen unverheirateten Kindern aus einer früheren Ehe, die nicht innerhalb der neuen Familie leben, kommt die Haushaltsführung in dieser Familie weder unmittelbar noch mittelbar zugute. Da diese Kinder den Mitgliedern der neuen Familie unterhaltsrechtlich nicht nachstehen (§ 1609 Nr. 1), darf sich der unterhaltspflichtige Ehegatte nicht ohne Weiteres auf die Sorge für die Mitglieder seiner neuen Familie beschränken. Auch dass ein von V betreutes Kind in der neuen Ehe geboren wurde, ändert nichts daran, dass die Unterhaltsansprüche aller minderjährigen unverheirateten Kinder aus den verschiedenen Ehen gleichrangig sind und der Unterhaltspflichtige seine Arbeitskraft zum Unterhalt aller Kinder einsetzen muss.

b) Allerdings könnte eine **Rechtfertigung** für den „Rollenwechsel" gegeben sein.

Wenn der Unterhaltspflichtige in der früheren Ehe erwerbstätig war und diese Erwerbstätigkeit im Rahmen eines Rollenwechsels zugunsten der Haushaltsführung und Kinderbetreuung in der neuen Ehe aufgegeben hat, kann der Rollentausch und die sich daraus ergebende Minderung der Erwerbseinkünfte unterhaltsrechtlich nur dann akzeptiert werden, wenn wirtschaftliche Gesichtspunkte oder sonstige Gründe von gleichem Gewicht, die einen erkennbaren Vorteil für die neue Familie mit sich bringen, im Einzelfall den Rollentausch rechtfertigen. Die Kinder aus erster Ehe müssen eine Einbuße ihrer Unterhaltsansprüche also nur dann hinnehmen, wenn das Interesse des Unterhaltspflichtigen und seiner neuen Familie an der Aufgabenverteilung ihr eigenes Interesse an der Beibehaltung der bisherigen Unterhaltssicherung deutlich überwiegt. Nur in solchen Fällen ist auch der neue Ehegatte nicht verpflichtet, insoweit auf die Unterhaltspflicht seines Partners außerhalb der Ehe Rücksicht zu nehmen, zum Nachteil seiner Familie auf eine eigene Erwerbstätigkeit zu verzichten und stattdessen die Kinderbetreuung zu übernehmen.

Die Rollenwahl muss – unter Abwägung der beiderseitigen Interessen im Einzelfall – also dann hingenommen werden, wenn sich der Familienunterhalt in der neuen Ehe dadurch, dass der andere Ehegatte voll erwerbstätig ist, wesentlich günstiger gestaltet als es der Fall wäre, wenn dieser die Kindesbetreuung übernehmen würde und der unterhaltsverpflichtete Elternteil voll erwerbstätig wäre.

Eine solche Besserstellung ist hier jedoch nicht erkennbar.

Damit ist die Bedarfsberechnung auf der Grundlage eines Nettoeinkommens des V i.H.v. 2.200 € vorzunehmen, sodass der Unterhaltsanspruch i.H.v. 325 € gegeben ist.

III. V hat (fiktive) Einkünfte von 2.200 €. Dies zugrunde gelegt, steht die **Leistungsfähigkeit** außer Zweifel.

IV. P müsste **bedürftig i.S.v. § 1602** sein. Dies ist zu bejahen, wenn er außerstande ist, sich selbst zu unterhalten. Davon ist bei einem 10-jährigen Kind auszugehen.

Ergebnis: V muss sich also fiktiv so behandeln lassen, als hätte er wie bisher ein volles Erwerbseinkommen von 2.200 €. Danach ist der Unterhaltsanspruch des P begründet.

Selbstverständlich kann „Hausmann" in diesem Sinne auch eine Frau sein, die erstehelichen Kindern unterhaltspflichtig ist und in der zweiten Partnerschaft die Hausfrauenrolle übernimmt.

Abwandlung:

Gegenüber dem Ausgangsfall ist der Rollenwechsel nunmehr aufgrund der wirtschaftlich erheblich besseren Position der neuen Partnerin zu rechtfertigen. Fraglich ist, in welcher Weise sich dies auf den Unterhaltsanspruch des P auswirkt.

I. Der Unterhaltsbedarf des P nach **§§ 1610, 1612** berechnet sich auf der Grundlage der Einkünfte des V.

Erneut stellt sich das Problem, ob dem V fiktive Einkünfte zugerechnet werden können.

1. V könnte einem Nebenerwerb nachgehen.

a) Nach h.M. trifft einen wiederverheirateten barunterhaltspflichtigen Ehegatten ungeachtet seiner Pflichten aus der neuen Ehe selbst dann, wenn die Rollenwahl in dieser Ehe nicht zu beanstanden ist, eine Obliegenheit, erforderlichenfalls durch **Aufnahme eines Nebenerwerbs** zum Unterhalt von minderjährigen unverheirateten Kindern aus der früheren Ehe beizutragen. Wegen des Gleichrangs aller Unterhaltsansprüche minderjähriger Kinder (§ 1609 Nr. 1) darf die mit der Rollenwahl verbundene Verminderung der Leistungsfähigkeit des geschiedenen Ehegatten nicht in unzumutbarer Weise zulasten der Kinder aus erster Ehe gehen. Unterhaltsrechtlich entlastet die häusliche Tätigkeit einen unterhaltspflichtigen Ehegatten nämlich nur gegenüber den Mitgliedern seiner neuen Familie, denen die Fürsorge – im Gegensatz zu den nicht im neuen Familienverbund lebenden minderjährigen Kindern aus erster Ehe – allein zugutekommt. Deswegen und wegen der gesteigerten Unterhaltspflicht gegenüber seinen minderjährigen Kindern (§ 1603 Abs. 2) hat der Unterhaltspflichtige seine Leistungsfähigkeit über die Hausmannrolle in zweiter Ehe hinaus in vollem Umfang auszuschöpfen und im Rahmen der individuellen Möglichkeiten eine Nebentätigkeit aufzunehmen.

Dies wäre V auch ohne Weiteres möglich, wie er selbst einräumt. Er könnte also 500 € monatlich im Rahmen einer Nebentätigkeit verdienen. Dieser Verdienst ist fiktiv der Unterhaltsberechnung zugrunde zu legen.

b) Fraglich ist, ob diese Erwerbsobliegenheit mit den Pflichten, die sich aus der Ehe mit dem neuen Partner ergeben, zu vereinbaren ist.

Der neue Ehegatte hat die Erfüllung dieser Obliegenheit jedoch nach dem Rechtsgedanken des § 1356 Abs. 2 zu ermöglichen, zumal bei der Aufgabenverteilung in der neuen Ehe die beiderseits bekannte Unterhaltslast gegenüber Kindern aus früheren Ehen berücksichtigt werden muss.

2. Fraglich ist, ob auch der **Anspruch des V auf Taschengeld** in der neuen Ehe für Unterhaltszwecke eingesetzt werden muss.

Der Taschengeldanspruch ist Teil des Unterhaltsanspruchs nach den §§ 1360, 1360 a. Die Höhe richtet sich nach den Lebensverhältnissen der Eheleute; in der Regel sind 5% des Nettoeinkommens angemessen.

Das Taschengeld ist Bestandteil des Familienunterhalts nach den §§ 1360, 1360 a. Nach diesen Vorschriften sind Ehegatten einander verpflichtet, durch ihre Arbeit und mit ihrem Vermögen die Familie angemessen zu unterhalten (§ 1360 S. 1). Der angemessene Unterhalt umfasst alles, was nach den Verhältnissen der Ehegatten erforderlich ist, um die Haushaltskosten zu bestreiten und die persönlichen Bedürfnisse der Ehegatten und den Lebensbedarf der gemeinsamen Kinder zu befriedigen (§ 1360 a Abs. 1). Dazu gehören unter anderem Kosten für Wohnung, Nahrung, Kleidung, medizinische Versorgung, kulturelle Bedürfnisse, Kranken- und Altersvorsorge, Urlaub usw., die in der Regel in Form des Naturalunterhalts gewährt werden. Außerdem hat jeder der Ehegatten Anspruch auf einen angemessenen Teil des Gesamteinkommens als Taschengeld, d.h. auf einen Geldbetrag, der ihm die Befriedigung seiner persönlichen Bedürfnisse nach eigenem Gutdünken und freier Wahl unabhängig von einer Mitsprache des anderen Ehegatten ermöglichen soll. Dieser Zweck muss freilich zurückstehen, wenn ansonsten der Unterhalt minderjähriger Kinder gefährdet wäre.

Das Taschengeld, das mit 720 € anzunehmen ist, kann V deswegen in voller Höhe zusätzlich zu dem Einkommen aus Nebentätigkeit für den Unterhalt des P einsetzen.

II. Die auf der Grundlage des Taschengelds und der Obliegenheit des V zur Aufnahme einer Nebenerwerbstätigkeit errechnete Unterhaltspflicht kann V auch erfüllen, d.h. er ist **leistungsfähig**.

Ergebnis: P bekommt Unterhalt von V in Höhe der verlangten 325 €.

Fall 20: Finanzierte Zweitausbildung?

Elke (E) ist die 20-jährige Tochter von Heidi und Peter. Nach abgeschlossener Schulausbildung (Abitur) wollte sie zunächst Bauzeichnerin werden und begann eine entsprechende Lehre. Nach erfolgreichem Abschluss übernahm der Arbeitgeber sie in eine feste Anstellung. Nach drei Jahren kam es allerdings zu Problemen. Elke trennte sich von ihrem Freund; in ihrem Bauunternehmen wurden Stellen neu besetzt, wobei E nicht berücksichtigt wurde. Nach einem längeren Urlaub traf E daher die Entscheidung, nochmal „neu anzufangen". Sie erklärt ihren Eltern, dass sie von Würzburg nach Berlin umzieht und dort ein Architekturstudium beginnt. Da sie kein Vermögen und zukünftig kein Erwerbseinkommen mehr habe, benötige sie von den Eltern Unterhalt i.H.v. 735 €. Dies sei der Bedarf eines Kindes mit eigenem Hausstand. Die Eltern von E sind die Launen ihrer Tochter satt und verweigern jegliche Zahlung. Die Tochter habe eine Ausbildung und einen festen Job gehabt; jetzt noch Unterhalt zu zahlen, empfinden sie als unzumutbar, auch wenn sie finanziell gut gestellt seien.

E sucht nach ihrem Umzug nach Berlin eine Anwältin auf und bittet um Prüfung, inwieweit sie Unterhalt von ihren Eltern verlangen kann.

Abwandlung:

E hat die Schulausbildung aufgrund mangelhafter Leistungen abgebrochen, weil ihre Eltern ständig Streit miteinander hatten und sich schließlich scheiden ließen. Dies war für E eine große Belastung, sodass sie froh war, dass ihre Eltern ihr eine Lehrstelle als Friseurin beschafften. Nach der Scheidung der Eltern und einer psychologischen Behandlung machte sie dann aber das Abitur nach. Sie schloss mit einem Notendurchschnitt von 1,2 ab. Nunmehr will E Medizin studieren. Ihre Eltern sind über diese Entscheidung überrascht und entsetzt zugleich und verweigern jegliche Unterhaltszahlung. Schließlich habe E bereits eine Ausbildung als Friseurin. Nachdem sie zum Studium in München zugelassen wurde und auch ein Zimmer in einem Studentenwohnheim mieten konnte, bittet E den mit ihr bekannten Jurastudenten Lars um Prüfung, ob sie einen Unterhaltsanspruch gegen ihre Eltern hat.

Wie ist die Rechtslage?

Anspruch der E gegen ihre Eltern auf Zahlung von Kindesunterhalt

E könnte einen Anspruch gegen ihre Eltern auf Zahlung von Unterhalt haben, solange sie infolge des Architekturstudiums außerstande ist, sich selbst zu finanzieren. Die Voraussetzungen der §§ 1601 ff. könnten vorliegen.

I. Der **Anspruch nach § 1601** setzt zunächst **Verwandtschaft der Beteiligten in gerader Linie, § 1589**, voraus. Davon ist auszugehen.

II. Fraglich ist das **Maß des Unterhalts**. Nach § 1610 Abs. 1 richtet sich dieses nach der Lebensstellung des Bedürftigen. Nach § 1610 Abs. 1 und Abs. 2 umfasst der Unterhaltsanspruch des Bedürftigen den gesamten Lebensbedarf.

In der Praxis gibt es Leitlinien der Oberlandesgerichte, in denen feste Bedarfssätze enthalten sind. Ein studierendes Kind mit eigenem Hausstand hat danach einen Bedarf i.H.v. 735 € (Stand: Januar 2019).

Ein minderjähriges Kind hat noch keine eigene Lebensstellung, d.h. diese wird von der Lebensstellung der Eltern abgeleitet. E hingegen ist volljährig und hat mit dem Umzug nach Berlin einen eigenen Hausstand begründet. Maßgeblich sind daher nicht mehr die elterlichen Lebensverhältnisse, sondern abzustellen ist auf die Lebensstellung der E. Der Bedarf von E während des Studiums beträgt die angegebenen 735 €.

III. E müsste weiterhin **bedürftig i.S.v. § 1602** sein. Dies ist zu bejahen, wenn sie außerstande ist, sich selbst zu unterhalten. Davon ist auszugehen, da sie infolge des Studiums keine Einkünfte hat und auch kein Vermögen besteht.

Die Frage, ob eine Ausbildung unterhaltsrechtlich von den Eltern zu unterstützen ist, müssen Sie entgegen dem Standort des § 1610 Abs. 2 nicht im Rahmen der Bedarfsprüfung behandeln, sondern im Zusammenhang mit der Bedürftigkeit nach § 1602.

Allerdings könnte E eine Erwerbsobliegenheit treffen, sodass ihr fiktive Einkünfte zugerechnet werden müssen. Dies setzt freilich voraus, dass das aufgenommene Studium nicht durch § 1610 Abs. 2 zu rechtfertigen ist.

1. Nach **§ 1610 Abs. 2** schulden Eltern im Rahmen ihrer wirtschaftlichen Leistungsfähigkeit sowohl ihren minderjährigen als auch den volljährigen Kindern eine optimale begabungsbezogene **Berufsausbildung**, d.h. eine Ausbildung, die der Begabung und den Fähigkeiten, dem Leistungswillen und den beachtenswerten, nicht nur vorübergehenden Neigungen des einzelnen Kindes am besten entspricht. Die Wahl der in diesem Sinn angemessenen Ausbildung haben die Eltern in gemeinsamer verantwortlicher Entscheidung mit dem Kind zu treffen, wobei den individuellen Umständen, vor allem den bei dem Kind vorhandenen persönlichen Vorstellungen maßgebliche Bedeutung zukommt.

Haben Eltern die ihnen hiernach obliegende Pflicht, ihrem Kind eine angemessene Ausbildung zu gewähren, in rechter Weise erfüllt, und hat das Kind einen Abschluss einer Ausbildung erlangt, dann sind die Eltern ihrer Unterhaltspflicht aus § 1610 Abs. 2 in ausreichender Weise nachgekommen.

2. Fraglich ist jedoch, ob die Eltern verpflichtet sind, eine **Zweitausbildung** zu zahlen.

Hat das Kind eine angemessene Ausbildung erfahren, sind die Eltern grundsätzlich nicht verpflichtet, noch eine weitere, zweite Ausbildung zu finanzieren, der sich das Kind nachträglich nach Beendigung der ersten Ausbildung unterziehen will. Problematisch ist daher, dass E nach abgeschlossener Lehre als Bauzeichnerin nun Architektur studieren will. Grundsätzlich besteht keine Verpflichtung der Eltern, dies unterhaltsrechtlich abzusichern. Allerdings bestehen Ausnahmen:

a) Es entspricht mittlerweile einem geänderten Ausbildungsverhalten, nach der Schule erst eine Lehre abzuschließen und danach zu studieren (sog. **zusammengesetzte Ausbildung**). Abitur-Lehre-Studium kann in vielen Fällen als einheitlicher Bildungsweg angesehen werden, der vom Unterhaltspflichtigen unter den nachfolgenden Voraussetzungen zu finanzieren ist (man spricht hier auch von Fortbildungsunterhalt).

aa) Erforderlich ist zunächst, dass entsprechende **Fähigkeiten** und Neigungen des Unterhaltsgläubigers für ein Studium gegeben sind. Dies ist vorliegend zu unterstellen.

bb) Für die Annahme eines **einheitlichen Bildungswegs** muss ein fachlicher Zusammenhang gegeben sein. Praktische Ausbildung und Studium müssen derselben Berufssparte angehören oder jedenfalls so eng zusammenhängen, dass das eine für das andere eine fachliche Ergänzung, Weiterführung oder Vertiefung bedeutet oder dass die praktische Ausbildung eine sinnvolle Vorbereitung auf das Studium darstellt.

E hat zunächst eine Ausbildung als Bauzeichnerin abgeschlossen und studiert nun Architektur. Dies ist ein einheitlicher Bildungsweg im o.a. Sinne; in jedem Fall ist die Lehre als Bauzeichnerin als sinnvolle Vorbereitung auf das Architekturstudium anzusehen.

Dies wurde von der Rspr. ebenfalls bejaht für die Fortsetzung einer Lehre zum Bankkaufmann durch ein BWL- oder Jurastudium.

cc) Der weiter nötige **zeitliche Zusammenhang** erfordert, dass der Auszubildende nach dem Abschluss der Lehre das Studium mit der gebotenen Zielstrebigkeit aufnimmt. Er darf also nicht erst für einen längeren Zeitraum in dem gelernten Beruf tätig sein. Denn der Verpflichtung des Unterhaltsschuldners zur Ermöglichung einer Berufsausbildung steht aufseiten des Kindes die Obliegenheit gegenüber, die Ausbildung mit Fleiß und Zielstrebigkeit in angemessener Zeit zu absolvieren. Der Unterhaltsschuldner muss nach Treu und Glauben Verzögerungen der Ausbildung hinnehmen, die auf ein vorübergehendes Versagen des Kindes zurückzuführen sind. Dies gilt vor allen Dingen dann, wenn ein zwischen der Beendigung der Lehre und dem weiteren Schulbesuch verstrichener Zeitraum nicht allein dem Kind anzulasten ist, sondern die Unterbrechung maßgeblich auch auf erzieherischem Fehlverhalten der Eltern und den daraus abzuleitenden psychischen Folgen beruht.

Allerdings ist nicht mehr erforderlich, dass der Studienentschluss von vornherein vorlag. Es genügt vielmehr der sofortige Entschluss am Ende der Lehre. Es entspricht gerade der Eigenart dieses Bildungsweges, dass die praktische Ausbildung vielfach aufgenommen wird, ohne dass sich der Auszubildende bereits endgültig schlüssig ist, ob er es bei dieser Ausbildung bewenden lassen oder nach deren Abschluss ein Studium anschließen soll.

Der erforderliche zeitliche Zusammenhang ist nicht gegeben. E hatte bereits drei Jahre in ihrem Beruf als Bauzeichnerin gearbeitet. Auch wenn für sich betrachtet das Architekturstudium eine sinnvolle Fortsetzung ihrer Lehre zur Bauzeichnerin darstellt, ist durch die lange Unterbrechung diese Weiterbildung für die Eltern nicht mehr akzeptabel, sodass eine Unterhaltspflicht der Eltern nicht besteht.

b) Ergebnis: E hat für die Zeit ihres Studiums keine Unterhaltsansprüche gegen ihre Eltern.

Abwandlung:

Der Unterhaltstatbestand nach § 1601 liegt unproblematisch vor; des Weiteren kann auch auf die Ausführungen zum Bedarf gemäß § 1610 verwiesen werden. Fraglich ist, ob die Bedürftigkeit von E gemäß § 1602 anders als im Ausgangsfall zu beurteilen ist.

I. E wäre **bedürftig gemäß § 1602, wenn sie ausbildungsbedingt keinem Erwerb nachgehen muss.** Insoweit stellt sich die Frage, ob das Medizinstudium zur angemessenen Ausbildung gehört. Wie bereits ausgeführt sind die Eltern, wenn das Kind bereits eine angemessene Ausbildung erfahren hat, grundsätzlich nicht verpflichtet, noch eine weitere, zweite Ausbildung zu finanzieren, der sich das Kind nachträglich nach Beendigung der ersten Ausbildung unterziehen will. E hat ihre Schulausbildung abgebrochen, eine Lehre als Friseurin abgeschlossen und möchte nun, nachdem sie nachträglich das Abitur gemacht hat, noch Medizin studieren.

1. Grundsätzlich besteht keine Verpflichtung der Eltern, dies unterhaltsrechtlich zu finanzieren, zumal diesmal nicht nur eine **Weiterbildung** angestrebt wird, sondern es sich um eine sog. **Zweitausbildung** handelt, die erheblich vom bisherigen beruflichen Werdegang abweicht.

Unterscheiden Sie: Eine **Weiterbildung** ist von den Eltern bis zum Berufsabschluss zu finanzieren, während eine **Zweitausbildung** nur in Ausnahmefällen geschuldet ist.

2. Eine **Zweitausbildung** in diesem Sinne kann ausnahmsweise aber dann geboten sein, wenn die erste Ausbildung auf einer **deutlichen Fehleinschätzung der Begabung** des Kindes beruhte oder wenn die Eltern das Kind gegen seinen Willen in einen unbefriedigenden, seiner Begabung und Neigung nicht hinreichend Rechnung tragenden Beruf gedrängt haben. Einem solchen Fall steht gleich, wenn dem Kind die angemessene Ausbildung versagt worden ist und es sich aus diesem Grund zunächst für einen Beruf entschieden hat, der seiner Begabung und seinen Neigungen nicht entspricht.

a) Die Frage der beruflichen Eignung eines Kindes ist regelmäßig aus der Sicht bei Beginn der Ausbildung und den zu dieser Zeit zutage getretenen Anlagen zu beantworten. Davon sind aber Ausnahmen bei sog. **Spätentwicklern** zu machen, bei denen auf das Ende der Erstausbildung oder erst den Beginn der Zweitausbildung abgestellt werden kann, um eine unangemessene Benachteiligung zu vermeiden.

b) Der Umstand, dass es dem Unterhaltsgläubiger gelungen ist, das Abitur nachzuholen und damit die allgemeine Hochschulreife zu erwerben, führt aber nicht zwingend bereits zu dem Schluss, dass die bisherige Ausbildung unangemessen war. Ob der erlernte Beruf den Fähigkeiten bereits hinreichend Rechnung trägt und ob sein geistiges Leistungsvermögen auch den Anforderungen einer höherqualifizierten Tätigkeit genügt, lässt sich nicht allein mit Rücksicht auf das Bestehen des Abiturs beurteilen. Vielmehr hängt die Beantwortung der Frage entscheidend davon ab, welche schulischen Leistungen erbracht und insbesondere welcher Notendurchschnitt im Abiturzeugnis erreicht wurde. Aus dem Nachholen des Abiturs allein können sich allenfalls Zweifel ergeben, ob die Begabung bisher zutreffend beurteilt worden ist.

Gestörte häusliche Verhältnisse wirken sich regelmäßig auch nachteilig auf schulische Erfolge aus und haben daher gleichfalls Indizwert. Erbringt das Kind später erheblich bessere Leistungen, d.h. ist es durch den erlernten Beruf unterfordert, kommt eine Weiterbildung etwa durch ein Studium infrage, die vom Unterhaltsschuldner zu finanzieren ist.

c) Die genannten Kriterien sind im Falle von E erfüllt. Sie ist ein typischer „Spätentwickler", wobei dies auch auf den genannten Belastungen im Elternhaus beruhen kann. Jedenfalls ist ihr Abiturdurchschnitt so gut, dass eine weitere Qualifizierung zu rechtfertigen ist. Dies bedeutet, dass von der Bedürftigkeit von E auszugehen ist.

II. Allerdings ist bei Ergreifen dieses Bildungsweges aufgrund seiner höheren finanziellen Belastungen besonders sorgfältig die wirtschaftliche Zumutbarkeit für den Unterhaltsverpflichteten der Ausbildung zu prüfen. Die Eltern berufen sich nicht auf finanzielle Probleme, sodass die Leistungsfähigkeit nach § 1603 zu vermuten ist.

Ergebnis: E kann Unterhalt nach §§ 1601 ff. von ihren Eltern für die Zeit des Studiums bzw. der Zweitausbildung verlangen.

Aufbauschema: Kindesunterhalt

I. Zulässigkeit eines gerichtlichen Unterhaltsantrages

1. Zuständiges Gericht

a) Sachliche Zuständigkeit, § 23 a Abs. 1 S. 1 Nr. 1 GVG i.V.m. § 111 Nr. 8 FamFG (Amtsgericht, Familiengericht)

b) Örtliche Zuständigkeit

aa) Volljährigenunterhalt (nicht privilegiert), § 232 Abs. 3 FamFG i.V.m. §§ 12, 13 ZPO

bb) Minderjährigenunterhalt, § 232 Abs. 1 Nr. 2 FamFG

2. Vertretung minderjähriger Kinder im Unterhaltsverfahren

a) § 1629 Abs. 2 S. 2: durch betreuenden Elternteil

Obhut: entscheidend, wer sich um das Kind schwerpunktmäßig kümmert

b) § 1629 Abs. 3:

- **Gesetzliche Prozessstandschaft**, d.h. Unterhalt des Kindes wird vom betreuenden Elternteil im eigenen Namen beantragt.
- **Anwendbar:** nur bei minderjährigen Kindern, deren Eltern (noch) verheiratet sind, aber getrennt leben.

3. Unterhaltsbeschluss nach §§ 253, 258 ZPO

- **Wiederkehrende Leistungen:** solche, die sich in ihrer Gesamtheit als Folge ein und desselben Rechtsverhältnisses ergeben, sodass die einzelne Folge nur noch vom Zeitablauf abhängig ist, ohne dass aber der Umfang der Schuld von vornherein feststeht.

4. Rechtsschutzbedürfnis

Unproblematisch zu bejahen, solange kein vollstreckbarer Unterhaltstitel vorliegt

II. Begründetheit des Unterhaltsanspruchs

1. Unterhaltstatbestand § 1601

Verwandtschaft in gerader Linie, § 1589

2. Bedarf, § 1610

a) Minderjährige Kinder

- Haben noch keine eigene Lebensstellung, d.h. Einkünfte des barunterhaltspflichtigen Elternteils sind für Bedarfsbestimmung maßgeblich
- Rollenwechsel zum Hausmann
  - wenn nicht zu rechtfertigen, Zurechnung fiktiver Einkünfte
  - wenn zu rechtfertigen, Obliegenheit zur Nebentätigkeit sowie Einsatz von Taschengeld
- Gleichwertigkeit von Bar- und Naturalunterhalt, § 1606 Abs. 3 S. 2

b) Volljährige Kinder

- Haben eigene Lebensstellung
- Studenten mit eigenem Hausstand haben einen Bedarf von 735 € (Stand: Januar 2019)

3. Bedürftigkeit, § 1602

- Bedürftig ist, wer sich nicht selbst unterhalten kann.
- Ausbildungsphase, § 1610 Abs. 2
  - **Weiterbildung:** von den Eltern zu finanzieren, bis angemessene Berufsausbildung abgeschlossen ist
  - **Zweitausbildung:** nur in Ausnahmefällen (z.B. Fehleinschätzung der Begabung) geschuldet

4. Leistungsfähigkeit, § 1603

Unterhalt muss ohne Gefährdung des eigenen Unterhalts gezahlt werden können.

5. Zahlung, § 1612 Abs. 1, Abs. 3

monatlich im Voraus zu zahlende Geldrente

Fall 21: Kind als Schaden

Der Gynäkologe Dr. Bertram Bayer (B) hatte es übernommen, Kerstin Kammerlohr (K) das lang wirkende Verhütungsmittel „Implanon" zu verabreichen. Bei diesem Präparat handelt es sich um ein ca. 3 mm starkes und wenige Zentimeter langes Plastikröhrchen, welches oberhalb der Ellenbogenbeuge unter die Haut eingebracht wird. Sechs Monate nach der Behandlung stellte B bei K eine Schwangerschaft in der 16. Woche fest. K konnte wegen der Schwangerschaft und der Betreuung des Kindes eine ihr zugesagte Arbeitsstelle nicht antreten. Der Vater des Kindes, Viktor Vollmer (V), den die K im Zeitpunkt der Zeugung etwa seit einem halben Jahr kannte, hat die Vaterschaft anerkannt, lebt aber nicht mit der K zusammen. Er kommt seiner Unterhaltspflicht gegenüber dem gemeinsamen Sohn nach. K wirft dem B vor, dass ihm beim Einsetzen des Verhütungsmittels ein Behandlungsfehler unterlaufen sei, sodass er hinsichtlich der nunmehr bestehenden Unterhaltsverpflichtung ersatzpflichtig sei. Sie verlangt von B Schadensersatz in Höhe der für die Existenzsicherung des Kindes erforderlichen Aufwendungen. B räumt den Behandlungsfehler ein, macht jedoch geltend, die K habe einen eigenen „Unterhaltsschaden" nicht ausreichend dargelegt, weil nach ihrem Vortrag nicht von einer abgeschlossenen Familienplanung ausgegangen werden könne, sie also vielleicht zu einem späteren Zeitpunkt ein Kind gewollt hätte. Des Weiteren habe die Mutter auch keinen wirtschaftlichen Unterhaltsschaden, weil sie das Kind ohnehin nur betreue, während Barunterhalt bereits vom Vater geleistet werde.

1. Frage: Wie ist die Rechtslage?

2. Frage: Unterstellt, der Kindsvater V verlangt ebenfalls seinen „Unterhaltsschaden" von B. Wäre ein solches Anspruchsbegehren erfolgreich?

1. Frage: Ansprüche der K gegen B[31]

I. Der Schadensersatzanspruch der K gegen B kann aus **§ 280 Abs. 1** begründet sein. Dann müssten die Voraussetzungen der Anspruchsgrundlage vorliegen.

1. Zwischen K und B ist ein **Dienstvertrag** (Schuldverhältnis) zustande gekommen, der die Behandlung der K durch den B mit dem Verhütungsmittel „Implanon" beinhaltet.

2. Die für den Anspruch aus § 280 Abs. 1 erforderliche **Pflichtverletzung** liegt in dem Behandlungsfehler.

3. Das gemäß § 280 Abs. 1 S. 2 **vermutete Verschulden** des B ist von ihm nicht widerlegt worden.

4. Es muss ein der Pflichtverletzung **zurechenbarer Schaden** vorliegen.

a) Der **Schutzzweck des ärztlichen Behandlungsvertrages** muss den eingetretenen Schaden erfassen.

---

31 Fall nach BGH FamRZ 2007, 126.

Nach allgemeiner Meinung sind – außerhalb der Fallgestaltungen, die aufgrund ärztlicher Fehler nicht durchgeführte bzw. fehlgeschlagene Schwangerschaftsabbrüche betreffen – die mit der Geburt eines nicht gewollten Kindes für die Eltern verbundenen wirtschaftlichen Belastungen, insbesondere die Aufwendungen für dessen Unterhalt, als ersatzfähiger Schaden auszugleichen, wenn der Schutz vor solchen Belastungen Gegenstand des jeweiligen Behandlungs- oder Beratungsvertrages war. Der zwischen den Parteien geschlossene Behandlungsvertrag war darauf gerichtet, der K das Mittel „Implanon" zu verabreichen. Einziger Zweck dieser Maßnahme konnte ersichtlich nur die Verhütung einer Schwangerschaft bei der K sein. Dieser Zweck wurde nicht erreicht, weil dem B ein Behandlungsfehler unterlaufen ist, der als kausal für die Schwangerschaft anzusehen ist, weil das Präparat bei ordnungsgemäßer Einlage eine volle kontrazeptive Sicherheit gewährt. Die fehlgeschlagene Verhütungsmaßnahme bezweckte, die K, auch angesichts ihrer beruflichen Situation, vor einer ungewünschten Unterhaltsbelastung zu schützen.

Klausurtipp:
Erst wenn der haftungsbegründende Tatbestand eines Schadensersatzanspruchs erfüllt ist, stellt sich das Problem, ob die Belastung mit der Unterhaltspflicht als zurechenbarer Schaden anzusehen ist. In diesem Zusammenhang ist zu beachten, dass Geburt und Existenz des Kindes keinen „Schaden" darstellen kann, weil nach Art. 1 GG die Würde des Menschen unantastbar ist. Insoweit ist das Schlagwort „Kind als Schaden" unzutreffend.

b) Fraglich ist, ob die K einen eigenen Unterhaltsschaden deswegen nicht ausreichend dargelegt hat, weil nach ihrem Vortrag nicht von einer **abgeschlossenen Familienplanung** ausgegangen werden kann. Die Haftung des Arztes ist jedoch nicht davon abhängig, dass die Familienplanung der Eltern oder eines Elternteils „abgeschlossen" ist in dem Sinne, dass auch die hypothetische Möglichkeit eines späteren Kinderwunsches, etwa nach beruflicher Konsolidierung und mit einem anderen Partner, völlig ausgeschlossen werden muss. Der Arzt, der einen vom Patienten gewünschten Erfolg verspricht, diesen aber durch fehlerhafte Behandlung vereitelt, soll für die dadurch verursachte wirtschaftliche Belastung haften.

Eine Mutter, die den – gesellschaftlich weitgehend akzeptierten – Entschluss fasst, auf ein Kind zu verzichten, um beispielsweise ihr berufliches Fortkommen zu sichern, kann nicht mit Erfolg darauf verwiesen werden, sie müsse die Vereitelung ihrer Lebensplanung entschädigungslos hinnehmen, weil sie sich in Zukunft möglicherweise doch einmal entschlossen haben würde, Kinder zu bekommen. Die Haftung des Arztes entfällt nur dann, wenn im Einzelfall der innere Grund der haftungsrechtlichen Zurechnung, nämlich die Störung der Familienplanung, nachträglich weggefallen ist. Auch ein auf Zeit angelegter Verzicht auf einen Kinderwunsch kann mithin die Haftung auslösen. Gerade bei Betroffenen, die am Anfang ihres Berufslebens stehen und zunächst auf Zeit geplant haben, ohne Kind zu bleiben, kann sich eine Vereitelung dieser Lebensplanung wirtschaftlich in schwerwiegender Weise auswirken. In solchen Fällen kann der Zurechnungszusammenhang nicht mit der Erwägung verneint werden, dass bei einer temporären Verhütungsmaßnahme nicht auszuschließen sei, dass sich später doch ein Kinderwunsch einstelle und dieser erfüllt werde. Eine solche Betrachtung berücksichtigt nicht ausreichend, dass der Schaden in der konkreten nicht gewünschten Unterhaltsbelastung besteht und nicht dadurch wegdiskutiert werden kann, dass auf eine evtl. später willentlich entstehende ähnliche Belastung verwiesen wird. Das möglicherweise später geborene Kind kann nicht, etwa im Sinne einer „überholenden Kausalität", mit dem tatsächlich geborenen gleichgesetzt werden. Dass dieses Kind ungeachtet der gestörten Lebensplanung der Eltern akzeptiert werden muss und im Streitfall ersichtlich akzeptiert wird, kann in Fällen dieser Art durch den Beitrag des Arztes zum Unterhalt für das Kind, den er aufgrund der vertraglichen Schlechterfüllung zu leisten hat, in wirksamer Weise unterstützt werden.

c) Fraglich ist die **Schadensberechnung** in einer derartigen Konstellation. K schuldet dem Kind gegenüber Betreuung. Dies kann wirtschaftlich in Geld nur schwer ausgedrückt werden. Insoweit hat sich der Schadensersatz am Barunterhalt, den V schuldet, zu orientieren. B kann nicht davon profitieren, dass K statt Geld Betreuungsleistungen für das Kind erbringt. B hat K gegenüber allerdings von den wirtschaftlichen Belastungen, die aus der von ihm zu verantwortenden Geburt eines Kindes hergeleitet werden, nur denjenigen Teil zu übernehmen, der für die Existenzsicherung des Kindes erforderlich ist. Eine solche Begrenzung durch die existenziellen Bedürfnisse des Kindes ist notwendig, um die Haftung sachgerecht auszugestalten.

Ergebnis: B schuldet K gegenüber Schadensersatz nach § 280 Abs. 1 in Höhe des existenzsichernden Unterhalts.

II. Ein **deliktischer Anspruch** auf Ersatz des Unterhaltsaufwands nach § 823 Abs. 1 scheidet aus. Es fehlt insoweit an einer Verletzung der durch § 823 Abs. 1 geschützten Rechte bzw. Rechtsgüter der K, denn es ist lediglich ihr Vermögen betroffen.

Ergebnis: Der Schadensersatzanspruch der K gegen den B ist nach § 280 Abs. 1 erfolgreich.

2. Frage: Ansprüche des Kindsvaters V gegen B

Der Anspruch des Kindsvaters könnte sich ebenfalls aus **§ 280 Abs. 1** ergeben, wenn der nichteheliche Vater des Kindes in den **Schutzbereich des Behandlungsvertrages** einbezogen war.

I. Der **Vertrag mit Schutzwirkung zugunsten Dritter** ist ein eigenständiges Rechtsinstitut ohne ausdrückliche gesetzliche Regelung, aufgrund dessen dem mitgeschützten Dritten die vertraglichen Schadensersatzansprüche, die bei einer Verletzung der Schutzpflicht gegenüber dem eigentlichen Vertragsgläubiger eingreifen würden, als eigene, unmittelbar gegen den Schuldner gerichtete Ansprüche zustehen.

II. Die sog. **Einbeziehungsvoraussetzungen** könnten vorliegen.

Um die gesetzlich unterschiedliche Ausgestaltung von vertraglicher und deliktischer Haftung nicht aufzugeben oder zu verwischen, muss der Kreis der gemäß §§ 249, 280 Abs. 1 nach vertraglichen Grundsätzen geschützten Dritten sachgerecht beschränkt werden. Dabei sind folgende Voraussetzungen für den Vertrag mit Schutzwirkung zugunsten Dritter entwickelt worden:

1. Der Dritte muss mit der Hauptleistung des Schuldners bestimmungsgemäß in Berührung kommen und den Gefahren von Schutzpflichtverletzungen ebenso ausgesetzt sein wie der Gläubiger selbst (sog. **Leistungsnähe**).

2. Der Gläubiger muss ein besonderes **Interesse am Schutz des Dritten** haben. Ist dem Gläubiger „Wohl und Wehe“ des Dritten anvertraut, dann spricht allein schon die objektive Interessenlage der Beteiligten entscheidend für die Einbeziehung des Dritten. Fehlt es an einem besonderen

Rechtsgrundlage: Nach der Rspr. ist die Einbeziehung Dritter in den Schutzbereich eines Vertrages durch ergänzende Vertragsauslegung nach § 157 zu ermitteln. Die Lit. sieht den Geltungsgrund in einem durch richterliche Rechtsfortbildung entwickelten gesetzlichen Vertrauensschuldverhältnis gemäß § 242 i.V.m. § 311 Abs. 3.

Im Bereich des Arzthaftungsrechts wird in verschiedenen Konstellationen das Vorliegen der Voraussetzungen eines Vertrages mit Schutzwirkung für Dritte bejaht, so z.B. in den Fällen fehlerhafter genetischer Beratung und sonstiger Fehler im vorgeburtlichen Bereich bezüglich des ehelichen Vaters. Sie wird von der h.M. auch für Partner einer nichtehelichen Lebensgemeinschaft befürwortet.

Schutz- und Fürsorgeverhältnis zwischen dem Gläubiger und dem Dritten, so ist nach allgemeinen Auslegungsgrundsätzen zu prüfen, ob die Vertragsparteien den Willen hatten, zugunsten eines Dritten eine Schutzpflicht zu begründen.

3. Die Leistungsnähe und das Schutzinteresse des Gläubigers müssen dem Schuldner bei Vertragsabschluss oder Anbahnung der Vertragsverhandlungen **erkennbar** gewesen sein.

4. Erforderlich ist schließlich die **Schutzbedürftigkeit des Dritten**. Für eine Einbeziehung besteht danach kein Bedürfnis, wenn dem Dritten eigene vertragliche Ansprüche – gleich gegen wen – zustehen, die denselben oder zumindest einen gleichwertigen Inhalt haben wie diejenigen Ansprüche, die ihm über eine Einbeziehung in den Schutzbereich eines Vertrages zukämen.

5. Fraglich ist, ob diese Kriterien im vorliegenden Fall erfüllt sind.

Es war nicht erforderlich, dass die K dem B den Kindesvater als ihren festen Partner vorstellte oder namentlich benannte. Die Leistungsnähe des Dritten, das Interesse der K an dessen Schutz, sein Schutzbedürfnis und die Erkennbarkeit des geschützten Personenkreises lagen nach den Umständen des Streitfalls auch aus Sicht des B selbst dann vor, wenn ihm nähere Informationen zur Person des damaligen Lebenspartners der K und späteren Kindsvaters fehlten. Um die Fallgestaltung, bei der im Zeitpunkt der ärztlichen Leistung noch völlig offen ist, wann und gegebenenfalls mit wem künftig Geschlechtsverkehr ausgeübt wird, geht es im Streitfall nicht. Der Kindsvater ist somit in den Schutzbereich des mit der K geschlossenen Behandlungsvertrages einbezogen.

Somit ist der nichteheliche Vater V des Kindes der K in den Schutzbereich des Behandlungsvertrages einbezogen.

III. Ein Schaden des Kindsvaters ist gegeben.

Betreffend den Barunterhaltsschaden hat der Arzt von den wirtschaftlichen Belastungen, die aus der von ihm zu verantwortenden Geburt eines Kindes hergeleitet werden, aber erneut nur denjenigen Teil zu übernehmen, der für die Existenzsicherung des Kindes erforderlich ist (s.o.).

Ergebnis: Auch V hat einen Schadensersatzanspruch gegen B aus § 280 Abs. 1.

11. Teil: Der Ehegattenunterhalt

Fall 22: Trennungsunterhalt nach Scheidung

Manfred (M) und Felicitas (F), die im Jahre 2015 geheiratet haben, leben seit dem 05.07.2019 getrennt. Aus ihrer Ehe ist der 2-jährige Peter hervorgegangen. F fordert von M Unterhalt, da sie infolge der Betreuung von Peter keiner Arbeit nachgehen kann. M, der einen monatlichen Nettoverdienst von 3.200 € hat, verweigert jedoch jegliche Zahlung. Er begründet dies damit, dass er schon 400 € Kindesunterhalt für Peter zahle. Außerdem könne F sehr wohl arbeiten, da Peter zumindest vormittags in den Kindergarten gehe. Auch wisse er, dass die Eltern von F ihre Tochter monatlich mit 750 € unterstützen.

F sucht nunmehr Rechtsanwältin Huber auf und bittet um Prüfung ihres Unterhaltsanspruchs gegen M.

Weiterhin möchte sie wissen, ob ein Unterhaltsbeschluss, den sie gegen M erwirkt, auch nach Rechtskraft eines Scheidungsbeschlusses noch gültig ist, d.h. Unterhaltsansprüche rechtfertigt.

1. Frage: Unterhaltsanspruch der F gegen M

Der Unterhaltsanspruch der F gegen M könnte sich aus § 1361 Abs. 1 ergeben.

I. Ein **Anspruch auf Trennungsunterhalt gemäß § 1361 Abs. 1** besteht zwischen Ehegatten in der Zeit des Getrenntlebens, d.h. ab Auszug mit Trennungsabsicht bis zur Rechtskraft der Scheidung (vgl. dazu § 1567). Die genannten Voraussetzungen sind gegeben.

II. Der **Bedarf** bestimmt sich nach § 1361 Abs. 1 nach den Lebensverhältnissen und den Erwerbs- und Vermögensverhältnissen der Ehegatten.

Grundsätzlich ist das sog. **prägende Einkommen** für die Bedarfsbestimmung maßgeblich.

Dies bedeutet, dass die Eheleute sich das Geld, welches in der Vergangenheit in der Ehe für die Lebenshaltung, Freizeitgestaltung, Urlaub etc. zur Verfügung stand, nunmehr nach Trennung teilen sollen (sog. Halbteilungsgrundsatz). Dies waren bislang die von M erzielten Erwerbseinkünfte von 3.200 €. Allerdings ist davon der **Unterhalt für Peter** abzuziehen, der auch in der bisherigen Zeit der Ehe versorgt werden musste, sodass der Bedarf der F sich aus 2.800 € berechnet, d.h. ihr Bedarf beträgt 2.800 €/2 = **1.400 €.**

Klausurtipp:
In der Praxis bekommt der erwerbstätige Ehegatte einen sog. Erwerbstätigenbonus von 10% bzw. 1/7 seiner Einkünfte vorneweg. Dies soll sozusagen Arbeitsmotivation sein. In Klausuren ist darauf nur einzugehen, wenn spezielle Angaben im Sachverhalt gemacht werden.

III. Fraglich ist jedoch, ob die F in voller Höhe des Bedarfs **bedürftig** ist. Die Bedürftigkeit entfällt, wenn und soweit der Berechtigte sich aus eigenen Mitteln selbst unterhalten kann. Dies ist insbesondere dann der Fall, wenn der Berechtigte über eigene Einkünfte aus Erwerbstätigkeit verfügt, oder zumindest entsprechend einer Erwerbsobliegenheit verfügen könnte. Im letztgenannten Fall kommt die Zurechnung fiktiver Einkünfte in Betracht.

1. Fraglich ist, ob F einer **Erwerbsobliegenheit** unterliegt.

F ist weder berufstätig noch liegen Anhaltspunkte für etwa vorhandenes Vermögen vor. Allerdings kommt eine Minderung der Bedürftigkeit nach § 1361 Abs. 2 in Betracht. Eine solche ergibt sich, wenn der Berechtigte es unterlässt, eine angemessene und zumutbare Erwerbstätigkeit auszuführen. Ob eine Erwerbstätigkeit zumutbar ist, richtet sich nach § 1361 Abs. 2 nach den persönlichen Verhältnissen unter Berücksichtigung der Ehedauer und einer früheren Erwerbstätigkeit sowie nach den wirtschaftlichen Verhältnissen der beiden Ehegatten.

Vorsicht!
Die §§ 1569 ff. dürfen nicht direkt für den Trennungsunterhalt herangezogen werden. Allerdings ist eine „Wertung" möglich.

Fraglich ist daher, ob eine Erwerbstätigkeit der F neben der Kindesbetreuung zumutbar ist. Wie sich aus § 1570 für den Fall des nachehelichen Unterhalts ergibt, stellt die Pflege und Erziehung eines gemeinschaftlichen Kindes gerade einen Fall dar, in dem eine Erwerbstätigkeit dem Grunde nach nicht erwartet werden kann. Zwar gilt dies nicht ausnahmslos für jede Kindesbetreuung – vielmehr ist auf Alter und Anzahl der Kinder abzustellen – doch ist nach der Wertung des § 1570 bei einem 2-jährigen Kind nicht von einer zumutbaren Erwerbstätigkeit neben der Pflege und Erziehung auszugehen. Dies gilt umso mehr, da die F auch während des Zusammenlebens keiner Erwerbstätigkeit nachgegangen ist.

Eine Erwerbsobliegenheit besteht grundsätzlich erst, wenn das jüngste Kind das 3. Lebensjahr vollendet hat.

Hinzu kommt, dass im Fall einer Trennung geringere Anforderungen an die Erwerbspflicht zu stellen sind, da vor der Scheidung die eheliche Solidargemeinschaft noch fortbesteht.

Aufgrund der Kindesbetreuung kann daher von F eine Erwerbstätigkeit nach § 1361 Abs. 2 nicht erwartet werden.

2. Die Eltern zahlen der F monatlich 750 €. Dies sind freilich **freiwillige Leistungen**, auf die ein Rechtsanspruch nicht besteht und die deshalb auch jederzeit wieder eingestellt werden können. Zudem beabsichtigen die Eltern sicherlich nicht, ihren Schwiegersohn unterhaltsmäßig durch diese Zahlungen zu entlasten. Dies bedeutet, dass die freiwilligen Zahlungen der Eltern den Unterhaltsanspruch der F nicht beeinflussen.

Ergebnis: Die Bedürftigkeit der F besteht in voller Höhe.

IV. Der Unterhaltsverpflichtete muss schließlich **leistungsfähig** sein. Er muss also in der Lage sein, aus erzielten oder erzielbaren Einkünften oder aus der Verwertung von Vermögen, die von ihm erwartet werden kann, Unterhalt zu leisten.

Die Leistungsfähigkeit des M begegnet keinerlei Bedenken.

Ergebnis: Die F hat gegen M einen Anspruch auf Zahlung von Trennungsunterhalt nach § 1361 Abs. 1 i.H.v. 1.400 €.

2. Frage: Der Unterhaltsanspruch der F gegen M nach Scheidung

Trennungs- (§ 1361 Abs. 1) und Scheidungsunterhalt (§§ 1569 ff.) sind grundsätzlich streng zu unterscheiden, da es sich um verschiedene Streitgegenstände handelt. Beiden Regelungskomplexen liegen unterschiedliche Rechtsgedanken zugrunde:

Während beim Trennungsunterhalt wegen Nochbestehens der Ehe das **Prinzip der ehelichen Solidargemeinschaft** fast uneingeschränkt gilt, steht bei den §§ 1569 ff. grundsätzlich das **Prinzip der Eigenverantwortlichkeit** im Vordergrund (hervorgehoben jetzt durch §§ 1569 S. 1, 1570); nach der gesetzlichen Konzeption soll hier die Unterhaltspflicht der Ausnahmefall sein, der nur in genau beschriebenen Fällen eingreift. Diesem Grundsatz misst die h.M. nicht nur materiell-rechtliche Bedeutung bei, sondern auch prozessuale: Nicht nur der Anspruch als solcher ist nun ein anderer; auch eine Vollstreckung des Scheidungsunterhalts aus einem Beschluss auf Trennungsunterhalt ist nicht zulässig. Dies gilt sogar dann, wenn der Anspruch materiell-rechtlich in entsprechender Höhe als nachehelicher Unterhalt erneut begründet ist. Dies zwingt zu dem unökonomischen Ergebnis, dass dann ein neues Verfahren mit einem Antrag auf Zahlung von Scheidungsunterhalt eingeleitet werden muss. Wird ein Beschluss auf Trennungsunterhalt mit einem Vollstreckungsabwehrantrag nach § 767 ZPO „angegriffen", ist die Prüfung des Nichtidentitätsgrundsatzes eine Frage der Begründetheit des Antrags. Greift der Grundsatz ein, ist der Antrag allein deswegen begründet; auf die Details des Unterhaltsanspruchs kommt es dann erst bei einem neuen Verfahren des Gläubigers, gerichtet auf nachehelichen Unterhalt, an.

Man spricht insoweit vom sog. **Grundsatz der Nichtidentität!**

Ergebnis: F kann für die Zeit nach der Scheidung (d.h. der Rechtskraft des Scheidungsbeschlusses) nicht mehr Ansprüche auf Trennungsunterhalt gegen M geltend machen.

Fall 23: Unterhaltsprobleme zweier Schwestern

Rechtsanwältin Kraus berät am 08.07.2019 in ihrer Kanzlei in Kiel die Schwestern Maria (M) und Petra (P).

1. M ist soeben rechtskräftig von ihrem Mann Emil (E) geschieden worden. Während der Ehe habe sie den Haushalt geführt und sich um die Kindererziehung gekümmert. Die Kinder sind mittlerweile volljährig und haben ordentliche Berufe. Trennungsbedingt habe sie wieder zu arbeiten begonnen und verdiene als Sekretärin 1.400 €. Ihr Mann sei bei der Post und habe einen Verdienst in doppelter Höhe, nämlich von 2.800 €. Vermögen gebe es aber nicht. Sie habe nunmehr mit ihrem Mann gesprochen und von diesem Unterhalt gefordert. E habe dies jedoch abgelehnt. Der Bedarf bestimme sich nämlich nach Auffassung von E durch den von ihm während der Ehe erzielten Verdienst. Davon könne M die Hälfte beanspruchen; da sie aber bereits 1.400 € selbst verdient, sei sie nicht bedürftig, sodass ein Unterhaltsanspruch nicht gegeben sei. Weiter müsse sie zugeben, dass sie seit kurzem einen neuen Partner hat. Mit diesem verbringe sie viel Zeit; man sei auch intim miteinander. Allerdings hätten beide eine gescheiterte Beziehung hinter sich, sodass getrennte Wohnungen bestünden und man auch nicht die Absicht habe, in nächster Zeit zu heiraten. E meint aber, dass er aufgrund dieser Partnerschaft nicht mehr zu Unterhaltszahlungen verpflichtet sei.

Wie ist die Rechtslage?

2. P erklärt, sie und ihr Mann Hubert (H) seien schon vier Jahre geschieden. Damals wären Unterhaltsansprüche nicht geregelt worden, weil beide als Krankenhausärzte rund 3.500 € verdient hätten. Nunmehr habe sich aber alles geändert. Unerkannt habe sie schon seit vielen Jahren, d.h. seit ihrer Kindheit, multiple Sklerose und könne jedenfalls seit drei Monaten nicht mehr arbeiten; sie bekomme nur eine Rente i.H.v. 1.000 €. H sei seit einem Monat hingegen Oberarzt geworden und verdiene 4.200 €. Sie habe mit H wegen der Zahlung von Unterhalt telefoniert; H lehnt eine Zahlung jedoch ab, weil die Erkrankung nicht ehebedingt sei und im Übrigen ein Unterhaltsanspruch solange nach Scheidung nicht mehr gewährt werden könne. Auch hätte er sie erst gar nicht geheiratet, wenn er von dieser Erkrankung bei Eheschließung Kenntnis gehabt hätte.

P bittet ebenso wie ihre Schwester um die Klärung der Rechtslage.

Teil 1: Unterhaltsanspruch der M gegen E

Der Unterhaltsanspruch der M gegen E könnte sich aus § 1573 Abs. 2 ergeben. Dann müssten dafür die Voraussetzungen vorliegen.

I. Der **Unterhaltsanspruch** könnte aus **§ 1573 Abs. 2** herzuleiten sein. Danach kann ein geschiedener Ehegatte, dessen Einkünfte aus einer angemessenen Erwerbstätigkeit zum vollen Unterhalt (der Bedarf ist nach § 1578 zu bestimmen, s.u.) nicht ausreichen, den Unterschiedsbetrag zwischen den Einkünften und dem vollen Unterhalt verlangen. Nach § 1573

Abs. 2 wird Unterhalt vor allen Dingen in geschiedenen Doppelverdienerehen mit Einkommensdiskrepanz gezahlt.

Ein solcher Fall liegt vor, denn M erzielt Einkünfte i.H.v. 1.400 €, während ihr Mann E genau das Doppelte verdient.

Nach Scheidung gilt das Prinzip der Eigenverantwortung, d.h. Unterhalt nach Scheidung ist nicht die Regel, sondern ein Ausnahmetatbestand, der einer Rechtfertigung bedarf. Es muss deshalb einer der sieben enumerativ vorgegebenen Unterhaltstatbestände eingreifen.

II. Der Unterhaltsbedarf nach **§ 1578** beträgt die Hälfte der den Lebensstandard der Eheleute prägenden Einkünfte.

1. Der für die Bemessung des Unterhaltsanspruchs maßgebliche Bedarf (§ 1578 Abs. 1) richtet sich nach den ehelichen Lebensverhältnissen **im Zeitpunkt der Rechtskraft der Scheidung**, weil das Eheband und die daraus resultierende unterhaltsrechtliche Verantwortung der Eheleute bis dahin fortbestehen, wobei allerdings nur die Veränderungen berücksichtigt werden, die bereits vor Trennung prägend angelegt waren, d.h. auch bei weiterem Zusammenleben zu erwarten gewesen wären; nicht prägende Veränderungen sind solche, die auf einer unerwarteten und vom Normalverlauf abweichenden Entwicklung oder auf trennungsbedingten Einkommensveränderungen beruhen (Beispiel: Karrieresprung); sie sind bei der Bedarfsbemessung nicht zu berücksichtigen.

2. Die aktuellen Einkünfte der F könnten ein **Surrogat für Haushaltsführung** während der Ehe darstellen.

Die jetzigen Einkünfte der M i.H.v. 1.400 € prägten die ehelichen Lebensverhältnisse. Zwar arbeitete M während der Ehe nicht, d.h. sie kümmerte sich um Haushalt und Kinder. Die Aufnahme einer Erwerbstätigkeit durch die M führt somit zu der Frage, ob sich dies bedarfsprägend auswirkt, d.h. der Bedarfsbemessung die addierten Einkünfte beider Parteien zugrunde zu legen sind, oder ob die Einkünfte der M nur deren Bedürftigkeit vermindern. Da die Aufnahme der Erwerbstätigkeit offensichtlich trennungsbedingt erfolgt ist (Alleinverdienerehe), waren nach früherer Rspr. die erzielten Einkünfte nur unterhaltsmindernd anzurechnen (sog. Anrechnungsmethode). Im vorliegenden Fall würde der Unterhaltsanspruch der M in der Tat komplett entfallen.

Diese Auffassung war jedoch verfehlt. Nach h.M.[32] prägt nämlich auch die Haushaltsführung des in der Ehe nicht berufstätigen Ehegatten die ehelichen Lebensverhältnisse, an denen der haushaltsführende Ehegatte nach Scheidung teilhaben soll, d.h. der erreichte soziale Standard wird nicht nur durch die vorhandenen Barmittel, sondern auch durch die häusliche Mitarbeit des nicht erwerbstätigen Ehegatten bestimmt. Nach der Wertentscheidung des Gesetzgebers steht die Haushaltsführung des nicht erwerbstätigen Ehegatten der Erwerbstätigkeit des anderen Ehegatten gleich (§ 1360 S. 2). Das Einkommen einer nach Trennung aufgenommen Erwerbstätigkeit stellt sozusagen ein Surrogat des wirtschaftlichen Wertes der Haushaltstätigkeit dar und ist daher in die Bedarfsberechnung einzubeziehen.

Es geht an dieser Stelle um eine ganz wichtige Rechtsprechungsänderung: Die jetzigen Einkünfte sind als Surrogat der früheren Haushaltsführung zur Bestimmung der ehelichen Lebensverhältnisse heranzuziehen. Früher wurden Ehefrauen, die trennungsbedingt Arbeit aufnahmen, erheblich benachteiligt.

Somit sind die Einkünfte der M i.H.v. 1.400 € in die Bestimmung des Unterhaltsbedarfs miteinzubeziehen.

Ergebnis: Der Bedarf der M beträgt daher auf der Grundlage der addierten Einkünfte von M und E die Hälfte von insgesamt 4.200 €, mithin 2.100 €.

---

32 BGH FamRZ 2006, 683; BGH NJW 2001, 2254.

III. Die **Bedürftigkeit** entfällt, wenn und soweit der Berechtigte sich aus eigenen Mitteln selbst unterhalten kann. Dies ist insbesondere dann der Fall, wenn der Berechtigte über eigene Einkünfte aus Erwerbstätigkeit verfügt.

Danach ist M bedürftig i.H.v. 700 €, da sie ihren Bedarf von insgesamt 2.100 € nur i.H.v. 1.400 € zu erwirtschaften vermag.

IV. Der Unterhaltsverpflichtete muss schließlich **leistungsfähig** sein. Er muss also in der Lage sein, aus erzielten oder erzielbaren Einkünften oder aus der Verwertung von Vermögen, die von ihm erwartet werden kann, Unterhalt zu leisten.

Die Leistungsfähigkeit des E begegnet keinen Bedenken.

V. Der Unterhaltsanspruch könnte nach **§ 1579 Nr. 2** zu versagen sein, wenn eine grobe Unbilligkeit im Sinne dieser Vorschrift vorliegt.

§ 1579 ist eine rechtsvernichtende Einwendung, d.h. von Amts wegen zu beachten, wobei die Beweislast den Unterhaltsverpflichteten trifft.

Der nacheheliche Unterhalt zwischen den geschiedenen Eheleuten gemäß §§ 1569 ff. beruht auf dem Gedanken nachehelicher Solidarität, der die eigentliche Grundregel der Beendigung der ehelichen Verpflichtungen mit der Scheidung in der Lebenswirklichkeit weithin überlagert. Die Härteklauseln des § 1579 begrenzen unter dem Gesichtspunkt der Unzumutbarkeit der Inanspruchnahme des geschiedenen Partners in krassen Situationen diese nacheheliche Solidarität; so führt eine neue Partnerbeziehung des Unterhalt beziehenden geschiedenen Eheteils dann zur Unzumutbarkeit der Inanspruchnahme des anderen geschiedenen Eheteils, wenn sie als **eheähnliche Beziehung** erscheint, die an die Stelle einer Ehe tritt, die nicht geschlossen wird, weil die neue Ehe den Unterhaltsanspruch gemäß § 1586 natürlich entfallen lässt (sog. eheersetzende Partnerschaft).

Nach § 1586 erlischt der Unterhaltsanspruch mit der Wiederheirat.

M ist unstreitig eine neue Partnerbeziehung eingegangen. Verwehrt werden kann ihr das unter dem Gesichtspunkt der beendeten Ehe natürlich nicht. Die Frage ist freilich stets, was für den Unterhaltsverpflichteten, der argumentiert, er sei nicht dazu da, die geschiedene Partnerin in einer neuen Beziehung zu alimentieren, insofern noch zumutbar ist. Eine solche Unzumutbarkeit bzw. grobe Unbilligkeit ist, wenn es Kindesbelange zulassen, dann sicherlich anzunehmen, wenn die neue Beziehung sich in ihrem äußeren Erscheinungsbild so verfestigt hat, dass damit gleichsam das nichteheliche Zusammenleben an die Stelle einer neuen Ehe getreten ist. Im vorliegenden Falle ist das Zusammenleben allerdings noch nicht derart intensiv, dass die Partnerschaft eheähnliche Züge angenommen hat. Die Partner unterhalten unterschiedliche Wohnsitze und wollen an ihren Freiräumen festhalten.

Freilich ist die Grenzziehung im Einzelfall schwierig. Oft wird die Partnerschaft so gestaltet, dass die eintretende Verflechtung unterhalb einer Beziehungsdichte bleibt, die den Verlust des Anspruchs nach sich zieht. In der Klausur ist Ihre Argumentation ausschlaggebend.

Maßgeblich für den Ausschluss des Unterhaltsanspruchs nach § 1579 Nr. 2 ist nach wie vor der Tatbestand des nichtehelichen Zusammenlebens; ob er vorliegt, ist u.a. von dauerndem Zusammenleben in einer Wohnung und gemeinsamer Haushaltsführung abhängig; letztlich ist aber eine Einzelfallbeurteilung notwendig. Für den gegebenen Fall hat dies zur Folge, dass eine eheähnliche Situation verneint werden muss. Wichtig ist, dass die Partner, d.h. auch die M, die insoweit notwendige Distanz erkennbar leben. Insbesondere wegen der getrennten Wohnungen ist eine eheähnliche Partnerschaft nicht anzunehmen.

Ergebnis: M kann von E Aufstockungsunterhalt nach § 1573 Abs. 2 i.H.v. 700 € verlangen.

Teil 2: Unterhaltsanspruch der P gegen H

Der Unterhaltsanspruch der P gegen H könnte sich aus § 1572 ergeben. Dann müssten dafür die Voraussetzungen vorliegen.

I. Nach **§ 1572** kann ein Ehegatte Unterhalt von dem anderen verlangen, solange und soweit von ihm vom Zeitpunkt der Scheidung an wegen Krankheit eine Erwerbstätigkeit nicht erwartet werden kann.

1. Nach § 1572 ist die auf eine innerhalb der Ehe oder des ihr noch zugerechneten nachehelichen Rahmens erworbene Krankheit zurückzuführende Erwerbsunfähigkeit durch Gewährung eines Unterhaltsanspruchs gegen den anderen Ehegatten auszugleichen. Die Vorschrift erfordert das Vorliegen einer Krankheit zum sog. Einsatzzeitpunkt (§ 1572 Nr.1–4), aufgrund derer eine Erwerbstätigkeit nicht erwartet werden kann.

Die h.M. bestimmt den Krankheitsbegriff anhand der Kriterien des Sozialversicherungsrechts. Danach muss ein objektiv fassbarer regelwidriger Körper- und Geisteszustand vorliegen, der entweder nur ärztlicher Behandlung bedarf oder (zugleich oder ausschließlich) Arbeitsunfähigkeit zur Folge hat. P hat multiple Sklerose, d.h. eine Krankheit liegt vor; aufgrund dieser Krankheit kann eine Erwerbstätigkeit der P nicht erwartet werden.

Irrelevant ist allerdings, dass die **Krankheit nicht ehebedingt** ist. Es fällt auch eine solche Bedürfnislage unter § 1572, die auf einer bereits vor der Ehe eingetretenen, aber in einem der Einsatzzeitpunkte objektiv vorhandenen Krankheit beruht. Denn die Bedürfnislage stellt sich dann im Vergleich zur während der Ehe eingetretenen Krankheit gleich dar. Bis zur Scheidung teilen die Ehegatten ihr gemeinsames Schicksal noch in einem solchen Umfang, dass der Leistungsfähige für den kranken Ehegatten einstehen muss. Es soll jede Krankheit des geschiedenen Ehegatten, nicht nur die ehebedingten, die Unterhaltspflicht des anderen auslösen.

2. Eine Erkrankung löst einen Unterhaltsanspruch allerdings nur dann aus, wenn die Krankheit zu einem bestimmten **Einsatzzeitpunkt** gegeben ist. Vom Zeitpunkt der Scheidung an (§ 1572 Nr. 1) bedeutet, dass es auf den Eintritt der Rechtskraft des Scheidungsbeschlusses ankommt.

Es gehört danach geradezu typisch zum Wesen der ehelichen Lebensgemeinschaft und der daraus folgenden nachehelichen Solidarität, dass schicksalhafte Entwicklungen grundsätzlich gemeinsam getragen werden müssen, auch wenn und soweit sie schon vorehelich angelegt waren und über den Zeitpunkt der Scheidung oder einen der anderen Einsatzzeitpunkte des § 1572 hinaus fortwirken.

Klausurtipp:
Die Einsatzzeitpunkte sind bei der Prüfung von Unterhaltsansprüchen nach §§ 1571, 1572 besonders zu beachten.

Der Einsatzzeitpunkt Scheidung ist noch gegeben, wenn eine bei Scheidung zumindest latent, also in ihren Ursachen vorhandene Erkrankung erst kurze Zeit später zur Erwerbsminderung bzw. Erwerbsunfähigkeit führt. Es muss aber ein enger zeitlicher und sachlicher Zusammenhang zwischen dem Auftreten oder der Verschlimmerung der Erkrankung und der Scheidung bestehen.

Schicksalsbedingte Ereignisse, die sich erst mit deutlicher zeitlicher Verzögerung nach der Scheidung im Leben eines Ehegatten einstellen, sollen grundsätzlich nicht mehr zulasten des anderen gehen. P ist bereits vor vier Jahren rechtskräftig geschieden worden, sodass der Unterhaltstatbestand nach § 1572 Nr. 1 nicht eingreift; da auch kein anderer von § 1572 erfasster Einsatzzeitpunkt im vorliegenden Fall gegeben ist, sind Unterhaltsansprüche nicht vorhanden.

II. Ein Unterhaltsanspruch leitet sich auch nicht aus **§ 1576** ab. Danach kann ein geschiedener Ehegatte von dem anderen Unterhalt verlangen, soweit und solange von ihm aus sonstigen schwerwiegenden Gründen eine Erwerbstätigkeit nicht erwartet werden kann und die Versagung von Unterhalt unter Berücksichtigung der Belange beider Ehegatten grob unbillig wäre. Diese Vorschrift stellt einen Auffangtatbestand dar; ist die Bedürfnislage mit anderen Unterhaltstatbeständen vergleichbar, die aber nicht eingreifen (z.B. Betreuung von Enkelkindern, die § 1570 BGB nicht erfasst), so kann Unterhalt nach dieser Vorschrift in Betracht kommen. Der vorliegende Fall ist allerdings dadurch geprägt, dass § 1572 grundsätzlich eingreift, da Unterhalt benötigt wird, weil aufgrund von Krankheit eine Erwerbstätigkeit nicht möglich ist; sollte in einem derartigen Fall der Anspruch auf § 1576 BGB gestützt werden können, würden dadurch die Wertungen des § 1572 und insbesondere das Erfordernis der Einsatzzeitpunkte unterlaufen. § 1576 ist daher nicht anwendbar.

III. Der Unterhaltsanspruch könnte zusätzlich noch an **§ 1579** scheitern, da H vorträgt, er würde P nicht geheiratet haben, wenn er Kenntnis von der Krankheit gehabt hätte.

Gutachtenstil:
Bitte sprechen Sie alle vom Sachverhalt aufgeworfenen Fragestellungen an. Außerdem wird es positiv bewertet, wenn Sie Ihr Ergebnis noch „auf ein zweites Bein" stellen können.

1. Da P selbst von ihrer Krankheit nicht wusste, die Krankheit also nicht bewusst verschwiegen hat, kann **§ 1579 Nr. 7** nicht angewendet werden. Es liegt nämlich kein offensichtliches schwerwiegendes Fehlverhalten der P vor.

2. § 1579 Nr. 8 ist ein Auffangtatbestand, der eingreift, wenn die Inanspruchnahme die Grenzen des Zumutbaren überschreitet. Erforderlich sind schwerwiegende Sachverhalte, ohne dass ein Verschulden erforderlich ist. Die Anwendung von § 1579 Nr. 8 ist nur in Ausnahmefällen bei vorehelicher Erkrankung denkbar, kommt aber nach einer zustimmungswürdigen Auffassung[33] allein wegen der Tatsache, dass die Krankheit schon vor der Ehe vorhanden, d.h. nicht ehebedingt ist, keinesfalls in Betracht. Andernfalls würde man den – oben beschriebenen – Willen des Gesetzgebers zur Reichweite des § 1572 letztlich wieder aus den Angeln heben.

Ergebnis: Der Unterhaltsanspruch der P gegen H scheitert also allein daran, dass die Erkrankung zu dem sog. Einsatzzeitpunkt noch nicht vorlag.

---

33 Palandt/Brudermüller § 1572 Rn. 13.

Vertiefungsschema: Ehegattenunterhalt

I. Allgemeiner Klausuraufbau

1. Unterhaltstatbestand nach § 1361 Abs. 1 bzw. §§ 1569 ff.
2. Bedarf (vgl. § 1578)
   - Maßgeblich sind die ehelichen Lebensverhältnisse, d.h. das prägende Einkommen.
   - Haushaltsführung in der Ehe: Einkünfte nach Trennung sind als Surrogat der früheren Haushaltsführung zur Bestimmung der ehelichen Lebensverhältnisse heranzuziehen.
3. Bedürftigkeit (vgl. § 1577)
4. Leistungsfähigkeit (vgl. § 1581)

II. Getrenntlebenunterhalt, § 1361 Abs. 1

- **Zeitraum:** Anspruch besteht zwischen Ehegatten in der Zeit des Getrenntlebens, d.h. ab Auszug mit Trennungsabsicht bis zur Rechtskraft der Scheidung.
- **Getrenntleben:** liegt nach § 1567 Abs. 1 vor, wenn die häusliche Gemeinschaft der Eheleute aufgehoben wurde (objektiver Tatbestand) und ein Ehegatte sie erkennbar nicht mehr herstellen will (subjektiver Tatbestand).

III. Nachehelicher Unterhalt, §§ 1569 ff.

1. Grundsatz der Nichtidentität
   - Trennungs- (§ 1361 Abs. 1) und Scheidungsunterhalt (§§ 1569 ff.) sind grundsätzlich streng auseinanderzuhalten: Während beim Trennungsunterhalt wegen Nochbestehens der Ehe das **Prinzip der ehelichen Solidargemeinschaft** fast uneingeschränkt gilt, steht bei den §§ 1569 ff. grundsätzlich das **Prinzip der Eigenverantwortlichkeit** im Vordergrund.
   - Trennungsunterhalt kann nach Scheidung nicht mehr verlangt werden.

2. Unterhaltstatbestände

a) **Betreuungsunterhalt**, § 1570
   - Ausdruck gemeinsamer Elternverantwortung
   - Erwerbsobliegenheit mit zunehmendem Alter des Kindes/der Kinder

b) **Unterhalt wegen Alters**, § 1571
   Einsatzzeitpunkte genau untersuchen

c) **Unterhalt wegen Krankheit oder Gebrechen**, § 1572
   - Einsatzzeitpunkte genau untersuchen
   - Krankheit muss nicht ehebedingt sein

d) **Erwerbslosenunterhalt**, § 1573 Abs. 1
   Ehegatte kann nach Scheidung keine Arbeit finden

e) **Aufstockungsunterhalt**, § 1573 Abs. 2
   Betrifft Doppelverdienerehen mit Einkommensdiskrepanz

f) **Ausbildungsunterhalt**, § 1575
   Zweck: Ausgleich ehebedingter Ausbildungsnachteile

g) **Billigkeitsunterhalt**, § 1576
   - Sog. positive Billigkeitsklausel
   - Restriktiv anzuwenden
   - Beispiel: Erwerbsbehinderung wegen eines nicht gemeinsamen behinderten Kindes

IV. Wichtige Ausschlussgründe

1. Wiederheirat, § 1586

2. Ehevertrag
   Inhaltskontrolle entsprechend der sog. **Kernbereichslehre**
   a) § 138 Zeitpunkt: Vertragsschluss
   b) § 242 Zeitpunkt: Scheitern der Ehe
   c) § 313 Zeitpunkt: Scheitern der Ehe

3. § 1579
   - Inanspruchnahme des Unterhaltspflichtigen ist grob unbillig
   - Wichtiger Fall § 1579 Nr. 2: eheersetzende Partnerschaft

V. Zahlung

Unterhalt ist durch Zahlung einer Geldrente monatlich im Voraus zu zahlen (vgl. §§ 1361 Abs. 4, 1585).

Fall 24: Gezahlt bleibt gezahlt

Martha (M) und Friedrich (F) haben sich im Jahre 2017 scheiden lassen. In dem damaligen Verfahren vereinbarten sie in einem Unterhaltsvergleich, dass F monatlich 600 € Unterhalt zahlen muss. Grundlage waren Einkünfte des F aus selbstständiger beruflicher Tätigkeit i.H.v. 3.200 €. Aufgrund wirtschaftlicher Schwierigkeiten kann F schon seit längerem diese Einkünfte nicht mehr erzielen. Deshalb hat er beim zuständigen Amtsgericht im Juli 2019 einen sog. Abänderungsantrag nach § 239 FamFG erhoben und eine Reduzierung seiner Unterhaltspflicht beantragt. Das Amtsgericht verringerte die Unterhaltspflicht rückwirkend zum 01.01.2018 auf nur noch 100 €.

F vereinbart nunmehr mit RA Maier einen Termin. Er will wissen, ob er den in der Vergangenheit zu viel gezahlten Unterhalt von monatlich 500 € zurückverlangen kann (insgesamt von Januar 2018 bis einschließlich Juni 2019 ergibt sich ein Betrag von 9.000 €). Seine frühere Ehefrau hat ihm dazu erklärt, sie habe das gesamte Geld für ihren Lebensbedarf ausgegeben.

Wie ist die Rechtslage?

Rückzahlungsanspruch des F gegen M

Ein Rückzahlungsanspruch des F gegen M könnte sich aus **§ 812 Abs. 1 S. 2 (Alt. 1)** ergeben.

Die Rückforderung überzahlten Unterhalts ist eine Familiensache, weil die gesetzliche Unterhaltspflicht i.S.v. § 23 a Abs. 1 S. 1 Nr. 1 GVG i.V.m. § 111 Nr. 8 FamFG betroffen ist. Somit ist das Amtsgericht – Familiengericht – sachlich zuständig.

A. Der **Anspruch** müsste **entstanden** sein.

Die Anspruchsvoraussetzungen des **§ 812 Abs. 1 S. 2 (Alt. 1)** könnten vorliegen.

I. Ein **„etwas"** i.S.v. § 812 kann eine jede vermögensmäßige Besserstellung sein. Die M hat in den zurückliegenden Monaten insgesamt 9.000 € Unterhalt bekommen, der materiell-rechtlich wegen der eingeschränkten Leistungsfähigkeit des F nicht geschuldet war.

II. Leistung i.S.v. § 812 ist die bewusste und zweckgerichtete Vermehrung fremden Vermögens. Davon ist auszugehen.

III. Ein späterer **Wegfall des rechtlichen Grundes** ist gegeben.

Die verringerten Einkünfte des F führten zu einer gerichtlichen Korrektur der Unterhaltspflicht auf 100 €. F zahlte bislang 600 € monatlich. Bedingt durch die rückwirkende Abänderung der Unterhaltsvereinbarung ist nachträglich die Rechtsgrundlage für den bisher geleisteten Unterhalt (§ 812 Abs. 1 S. 2 Alt. 1) entfallen. Somit findet wegen der zu viel gezahlten Unterhaltsleistungen (insgesamt 9.000 €) ein Ausgleich nach Bereicherungsrecht statt; dies gilt auch bei Überzahlungen auf einen Prozessvergleich.

B. Der bereicherungsrechtliche Rückzahlungsanspruch könnte jedoch nachträglich **erloschen** sein, wenn die M den Entreicherungseinwand nach **§ 818 Abs. 3** geltend machen kann.

I. Eine **Entreicherung** der M nach **§ 818 Abs. 3** ist zu prüfen.

Die Darlegung der früheren Ehefrau, das erlangte Geld restlos verbraucht zu haben, erscheint geeignet, den Anforderungen an den Entreicherungseinwand gerecht zu werden.

Klausurtipp:
Der Einwand der Entreicherung nach § 818 Abs. 3 kann dem Bereicherungsanspruch als **rechtsvernichtende Einwendung** entgegengehalten werden.

Wird dagegen in dem betreffenden Zeitraum gleichzeitig Vermögen gebildet, weil wegen der Überzahlung vom laufenden – an sich zur Bestreitung des Lebensunterhalts zur Verfügung stehenden – Einkommen außerplanmäßige Anschaffungen getätigt oder Schulden getilgt werden konnten, greift der Einwand der Entreicherung nicht durch.

Die h.M. geht freilich zugunsten des Unterhaltsgläubigers von einer tatsächlichen Vermutung aus, dass die Überzahlung nach der Lebenserfahrung regelmäßig zur Verbesserung des Lebensstandards und nicht zur Vermögensbildung ausgegeben wird.

Somit sind die Anforderungen nach § 818 Abs. 3 zunächst erfüllt.

II. Allerdings kann sich der Empfänger bei **verschärfter Haftung nach §§ 818 Abs. 4, 819 Abs. 1 oder 820 Abs. 1** nicht mehr auf Entreicherung berufen.

1. Eine verschärfte Haftung könnte nach **§ 818 Abs. 4** bedingt durch den erhobenen Abänderungsantrag nach § 239 FamFG, der zu einer auch rückwirkenden Reduzierung der Unterhaltspflicht führte, begründet sein.

Der Entreicherungseinwand nach § 818 Abs. 3 ist ein Privileg nur solcher Bereicherungsschuldner, die keiner verschärften Haftung unterliegen.

Die verschärfte Haftung wird jedoch nur für die Zukunft, d.h. ab Rechtshängigkeit des Abänderungsantrags, bedingt durch die Vorschrift des § 241 FamFG, bewirkt; nach dem Sachverhalt geht es allerdings ausschließlich um Überzahlungen, die vor diesem Zeitpunkt getätigt wurden.

2. Eine verschärfte Haftung kann sich auch aus **§ 819 Abs. 1 i.V. mit § 818 Abs. 4** ergeben. Maßgeblich ist, dass der Bereicherungsschuldner das Fehlen des rechtlichen Grundes selbst und die sich daraus ergebenden Rechtsfolgen (positiv) kennt.

Letztlich ist die Erhebung des Abänderungsantrags (allein) nicht geeignet, solche Bösgläubigkeit herbeizuführen, da ansonsten § 818 Abs. 4 bzw. § 241 FamFG unterlaufen würde. Erforderlich wäre auch eine Bösgläubigkeit, die vor Erhebung des Abänderungsantrags bereits gegeben war. Der Unterhaltsgläubiger kann und wird sich auch auf die Ungewissheit des Prozessausgangs berufen.

§ 241 FamFG ordnet ebenfalls die verschärfte Bereicherungshaftung an, aber erst **ab Rechtshängigkeit** eines auf Herabsetzung gerichteten Abänderungsantrags. Deshalb greift die Vorschrift für die Zeit von Januar 2018 bis Juli 2019 nicht ein.

Eine Bösgläubigkeit der M i.S.v. § 819 Abs. 1 ist daher nicht zu bejahen.

3. Eine verschärfte Haftung kommt des Weiteren auch nicht nach **§ 820 Abs. 1 S. 2** in Betracht. Erforderlich ist, dass die Leistung aus einem Rechtsgrund erfolgt sein muss, dessen Wegfall nach dem Inhalt des Rechtsgeschäfts als möglich angesehen wurde und der später auch tatsächlich wegfällt. Freilich ist § 820 Abs. 1 S. 2 auch im Falle eines Prozessvergleichs weder unmittelbar noch entsprechend anwendbar.

Rechtsgrund für gezahlten Unterhalt ist in solchen Fällen nicht der Prozessvergleich, sondern die gesetzliche Unterhaltspflicht (z.B. nach §§ 1569 ff.). Dieser Rechtsgrund wird durch den Vergleich nicht ausgewechselt, sondern nur auf eine weitere schuldrechtliche Grundlage gestellt und mit einem vollstreckungsfähigen Titel (§ 794 Abs. 1 Nr. 1 ZPO) versehen. Der Prozessvergleich modifiziert allenfalls die gesetzlichen Voraussetzungen der Unterhaltspflicht, etwa in zeitlicher Hinsicht oder der Höhe nach. Eine solche, lediglich vertraglich modifizierte Unterhaltspflicht ist aber den Fällen des § 820 Abs. 1 S. 2 nicht vergleichbar, in denen die Beteiligten die Vermögensverschiebung aufgrund einer rechtsgeschäftlichen Vereinbarung vornehmen.

Ergebnis: Ein Bereicherungsanspruch kommt danach nicht in Betracht, da sich M erfolgreich auf den Entreicherungseinwand nach § 818 Abs. 3 berufen kann.

Klausurtipp:
Bereicherungsrechtliche Ansprüche, gerichtet auf Rückzahlung von Unterhalt, sind regelmäßig erfolglos. Möglichkeiten bestehen daher nur, wenn ein deliktischer Anspruchsgrund besteht. Ein solcher kann in Betracht kommen, wenn entgegen einer Unterhaltsvereinbarung der Unterhaltsgläubiger unerwartet Einkünfte erzielt und dies dem Verpflichteten nicht mitteilt. Dies sieht man als betrügerisches Verhalten an, sodass Ansprüche nach § 823 Abs. 2 i.V.m. § 263 StGB sowie § 826 eingreifen.

12. Teil: Unterhalt der nicht verheirateten Mutter

Fall 25: Die ärgerliche Verzichtserklärung

Jutta (J) und Moritz (M) lebten von 2013 bis Ende 2015 in nichtehelicher Lebensgemeinschaft. M ist Vater der am 14.06.2016 geborenen Tochter Anna der J – diese Vaterschaft wurde gerichtlich am 15.12.2018 festgestellt. M hat danach seine Unterhaltspflicht für das Kind anerkannt. J verlangt nunmehr ebenfalls Unterhalt von M. Zunächst fordert sie Erstattung von Kosten i.H.v. 2.350 €, die ihr infolge Schwangerschaft und Entbindung entstanden sind. Weiterhin verlangt J rückständigen und zukünftigen Unterhalt von M i.H.v. monatlich 1.850 €. Die J hat vor der Geburt des gemeinsamen Kindes aus nichtselbstständiger Arbeit als Sekretärin Einkünfte in dieser Höhe erzielt.

M bestreitet weder den Unterhaltsanspruch der Höhe nach noch seine Leistungsfähigkeit. Allerdings ist er der Meinung, dass er rückständigen Unterhalt nicht bezahlen muss. Außerdem sei zu berücksichtigen, dass der Unterhalt nicht über drei Jahre hinausgehen kann, sodass Unterhaltsansprüche ab Juli 2019 nicht möglich seien. Außerdem habe die J ihm gegenüber bei Beginn ihrer Partnerschaft schriftlich darauf verzichtet, im Falle der Geburt eines Kindes Unterhaltsansprüche geltend zu machen. Schließlich habe J auch angekündigt, im September 2019 ihren neuen Freund zu heiraten. J weist darauf hin, dass Anna behindert ist und auch über das dritte Lebensjahr hinaus verstärkter Betreuung bedarf, sodass der Unterhalt keiner zeitlichen Begrenzung unterliegt. Die damalige Verzichtserklärung hält J für unwirksam.

Wie ist die Rechtslage?

Unterhaltsanspruch der J gegen M

J könnte einen Unterhaltsanspruch gegen M aus **§ 1615 l** haben.

A. Der **Anspruch** könnte **entstanden** sein.

Dann müssten die dafür erforderlichen Voraussetzungen vorliegen.

I. Ein **Unterhaltstatbestand** müsste zunächst erfüllt sein.

1. Ein Unterhaltsanspruch gemäß **§ 1615 l Abs. 1 S. 1** besteht zwischen Kindesmutter und Kindesvater. Die Mutterschaft ist hier gemäß § 1591 eindeutig festzustellen.

Problematisch kann hingegen die Vaterschaft gemäß § 1592 werden. Nach dem Sachverhalt wurde die Vaterschaft des M hier jedoch gerichtlich gemäß § 1600 d festgestellt, womit § 1592 Nr. 3 einschlägig ist. M ist somit auch im rechtlichen Sinne Vater von Anna.

§ 1615 l Abs. 1 S. 1 begründet den Unterhaltsanspruch der Kindesmutter aber nur für die Dauer von sechs Wochen vor bis acht Wochen nach der Geburt.

Die infolge Schwangerschaft oder Entbindung entstandenen Kosten können nach § 1615 l Abs. 1 S. 2 auch außerhalb des o.a. Zeitraums geltend gemacht werden.

2. Weiterhin kann J auch nach **§ 1615 l Abs. 1 S. 2** Ersatz der Kosten fordern, die durch Entbindung und Schwangerschaft bedingt sind. Insoweit fordert sie 2.350 €, die auch nicht umstritten sind.

3. Der Unterhaltsanspruch der F ergibt sich weiterhin aus **§ 1615 l Abs. 2 S. 2**. Danach kann die nicht mit dem Vater des geborenen Kindes verheiratete Mutter Unterhalt von dem Vater verlangen, soweit sie infolge der Pflege und Betreuung des Kindes an einer Erwerbstätigkeit gehindert ist. Der Anspruch endet grundsätzlich drei Jahre nach der Geburt. Die Voraussetzungen für diesen Anspruch sind gegeben.

4. Ein Unterhaltsanspruch über den Zeitraum von drei Jahren nach der Geburt des Kindes hinaus besteht nach **§ 1615 l Abs. 2 S. 3**, solange und soweit dies der Billigkeit entspricht; dabei sind insbesondere die Belange des Kindes und die bestehenden Möglichkeiten der Kinderbetreuung zu berücksichtigen.

Die Unterhaltsreform änderte die Anforderungen zugunsten der unterhaltsberechtigten Person: Nunmehr genügt für eine zeitliche Verlängerung des Unterhaltsanspruchs über drei Jahre hinaus die „Billigkeit".

Eine solche Billigkeit kommt hier deshalb in Betracht, weil Anna behindert ist. Ein Anspruch über drei Jahre hinaus ist daher gegeben, wenn das Kind aufgrund der Behinderung einer über das normale Maß hinausgehenden Betreuung bedarf. Im Extremfall ist dann der nicht betreuende Elternteil zur dauerhaften Unterhaltsleistung verpflichtet, z.B. wenn das Kind auf eine Dauerbetreuung angewiesen ist. Davon ist nach dem Sachverhalt auszugehen. Damit ist ein Unterhaltsanspruch über das dritte Jahr hinausgehend zu rechtfertigen.

Ergebnis: Die erwähnten Unterhaltstatbestände sind erfüllt und rechtfertigen vorbehaltlich der weiteren Prüfung Unterhaltsansprüche der J gegen M.

II. Der **Unterhaltsbedarf** ist nach **§§ 1615 l Abs. 3 S. 1, 1610** zu bestimmen.

Das Maß des der Mutter zu gewährenden Unterhalts bestimmt sich nach ihrer Lebensstellung. Denn nach § 1615 l Abs. 3 S. 1 sind auf den Unterhaltsanspruch der nicht verheirateten Mutter die Vorschriften über die Unterhaltspflicht zwischen Verwandten und somit auch § 1610 Abs. 1 entsprechend anwendbar. Die h.M. stellt folglich auf das Einkommen der Mutter ab, das sie ohne die Geburt des Kindes zur Verfügung hätte.

Da J vor der Geburt der Tochter Anna Einkünfte i.H.v. 1.850 € erzielt hat, ist ihr Bedarf in dieser Höhe begründet.

III. Die **Bedürftigkeit** der Kindesmutter richtet sich nach §§ 1615 l Abs. 3 S. 1, 1602. J ist danach auch bedürftig, weil sie seit der Geburt von Anna keine Einkünfte mehr erzielt. Somit ist Bedürftigkeit in voller Höhe des Bedarfs gegeben.

IV. M selbst räumt ein, **leistungsfähig** zu sein. Damit ist auch diese Voraussetzung erfüllt.

V. Der Unterhalt kann auch mit **Wirkung für die Vergangenheit** geltend gemacht werden, da insoweit § 1615 l Abs. 3 S. 3 i.V.m. § 1613 Abs. 2 Nr. 2 a eingreifen. Der Unterhalt konnte nämlich aus rechtlichen Gründen erst ab Feststellung der Vaterschaft gefordert werden.

Nachehelicher Unterhalt für die Vergangenheit kann hingegen nur unter den Voraussetzungen des § 1585 b gefordert werden.

Ergebnis: J kann somit ihre Schwangerschafts- und Entbindungskosten i.H.v. 2.350 € von M ersetzt verlangen sowie monatlichen Unterhalt (auch mit Wirkung für die Vergangenheit) i.H.v. 1.850 €.

B. Der **Anspruch** könnte **erloschen** sein.

I. Der Anspruch auf Unterhalt nach § 1615 l könnte daran scheitern, dass J einen **Unterhaltsverzicht** erklärt hat. Nach §§ 1615 l Abs. 3 S. 1, 1614 Abs. 1 besteht hinsichtlich eines solchen Unterhaltsverzichts jedoch keine Dispositionsbefugnis. Auf Unterhalt nach § 1615 l kann daher im Voraus nicht verzichtet werden. § 1614 ist ein **Verbotsgesetz i.S.v. § 134**, d.h. die betreffende Verzichtsvereinbarung ist nichtig.

Kurioserweise gilt dies nicht für Vereinbarungen betreffend den nachehelichen Unterhalt, vgl. § 1585 c. Allerdings findet in diesen Fällen eine gründliche Missbrauchskontrolle statt.

II. Nunmehr ist noch zu klären, ob der Unterhalt auch über den Zeitpunkt der Heirat der J hinaus zu gewähren ist. Dies wäre nicht der Fall, wenn **§ 1586 analog anzuwenden ist.**

Dies wird teilweise im Hinblick auf den Wortlaut der Vorschrift angenommen (keine Verweisung auf § 1586).[34]

Nach h.M.[35] liegen die Voraussetzungen für eine analoge Anwendung des § 1586 hingegen vor. Die Fortdauer einer Unterhaltspflicht nach § 1615 l über die Wiederheirat der Berechtigten hinaus ist mit der gesetzlichen Regelung nicht in Einklang zu bringen. Das Gesetz enthält für den Unterhaltsanspruch nach § 1615 l – im Gegensatz zum nachehelichen Unterhaltsanspruch, z.B. nach § 1570 – keine ausdrückliche Regelung, wie zu verfahren ist, wenn die unterhaltsberechtigte Mutter einen anderen Mann als den Vater ihres Kindes heiratet. Wie sich aus der Entstehungsgeschichte dieser gesetzlichen Bestimmung und aus einem Vergleich mit anderen gesetzlichen Unterhaltsansprüchen ergibt, handelt es sich dabei um eine unbewusste Regelungslücke. Ansprüche der Mutter gegen den Vater aus Anlass der Geburt sind in der jüngsten Vergangenheit mehr und mehr den Unterhaltsansprüchen getrennt lebender oder geschiedener Ehegatten angeglichen worden. Wenn der Gesetzgeber trotz dieser großen Nähe beider Ansprüche gleichwohl von einer dem § 1586 Abs. 1 entsprechenden Regelung abgesehen, dessen Anwendung aber auch nicht ausgeschlossen hat, kann das nur auf einer unbeabsichtigten Regelungslücke beruhen.

Ein Unterhaltsanspruch der Mutter scheidet somit für die Zeit ab ihrer Heirat in analoger Anwendung des § 1586 Abs. 1 aus.

Ergebnis: Damit kann die J von M Unterhalt in der dargestellten Höhe verlangen. Sobald J ihren neuen Freund heiratet, entfallen jedoch künftige Unterhaltsansprüche.

---

34 OLG München FamRZ 2003, 701.

35 Palandt/Brudermüller § 1586 Rn. 1; BGH NJW 2005, 500.

13. Teil: Vaterschaftsanfechtung und Vaterschaftsfeststellung

Fall 26: Vater werden ist doch schwer

Manuela (M) und Peter (P) sind seit dem Jahr 2015 verheiratet. Bislang ist ihre Ehe kinderlos geblieben, obwohl die Eheleute einen Kinderwunsch hatten. P erfährt bei einer Untersuchung, die er ohne Wissen der M durchführen lässt, dass er zeugungsunfähig ist. Nach einem Frauenurlaub im Sommer 2017 ist M „überraschend" schwanger. Grund ist ein „Seitensprung" mit dem Tennislehrer Hartwig (H). P ist fassungslos und beantragt nach der Geburt des Kindes Jan im Jahre 2018 die Scheidung, die im Juni 2019 rechtskräftig vollzogen wird. Mittlerweile lebt M mit dem biologischen Vater H des Kindes Jan zusammen. Da der Wunsch besteht, die Vaterschaft des Hartwig rechtlich abzusichern, suchen M und H Rechtsanwältin Rumpel auf. Sie bitten die Rechtsanwältin, die erforderlichen Schritte einzuleiten, sodass H am Ende nicht nur der biologische, sondern auch der rechtliche Vater von Jan sein kann.

Welche Schritte wird Rechtsanwältin R unternehmen, um dem Anliegen ihrer Mandanten, die ihre gemeinsame Elternschaft geklärt wissen wollen, gerecht zu werden?

Die Elternschaft von M und H

Fraglich ist, ob Manuela (M) und Hartwig (H) rechtliche Eltern des Kindes Jan sind bzw. wie sie es werden können.

Der Konflikt zwischen biologischer und rechtlicher Vaterschaft ist ein beliebtes Klausurthema. Das Thema ist aber auch rechtspolitisch „spannend".

A. Nach § 1591 ist Mutter nur die Frau, die das Kind geboren hat. Die **Mutterschaft** der M ist danach unproblematisch gegeben.

B. Problematisch ist hingegen die **Vaterschaft des H**.

I. Genetisch gesehen ist H der Erzeuger des Kindes Jan und damit der **biologische Vater**.

II. Rechtlich richtet sich die Vaterschaft aber nach § 1592.

1. Gemäß § 1592 Nr. 1 ist **Vater der Mann, der zum Zeitpunkt der Geburt des Kindes mit der Mutter verheiratet** ist. Zum Zeitpunkt der Geburt waren M und H jedoch nicht miteinander verheiratet. Hiernach ist vielmehr P als Vater von Jan anzusehen.

2. Nach § 1592 Nr. 2 ist Vater der Mann, der die **Vaterschaft anerkannt** hat. Für diesen subsidiären Grund (vgl. § 1594 Abs. 2) fehlt bereits ein entsprechendes Anerkenntnis des H.

3. Nach § 1592 Nr. 3 ist Vater der Mann, dessen Vaterschaft nach § 1600 d **gerichtlich festgestellt** worden ist. Für diesen (ebenfalls) subsidiären Grund (vgl. § 1600 d Abs. 1) fehlt es aber an einer gerichtlichen Feststellung, vgl. § 1600 d Abs. 5.

Somit ist derzeit H nicht der Vater des Kindes Jan. Vielmehr ist dies gemäß § 1592 Nr. 1 der damalige Ehemann der M, also P.

III. Eventuell kann aber H die rechtliche Stellung des P als Vater beseitigen und dann doch noch seine rechtliche Vaterschaft erzwingen.

1. In Betracht kommt die Anerkennung der Vaterschaft durch H gemäß § 1592 Nr. 2.

a) Erforderlich wäre zunächst ein Vaterschaftsanerkenntnis des H in Form des § 1597 Abs. 1 (öffentliche Beurkundung).

b) Jedoch bedarf gemäß § 1595 Abs. 1 die Vaterschaftsanerkennung der Zustimmung der Mutter (auch in der Form des § 1597 Abs. 1), also hier der Zustimmung der M. Diese ist jedoch unproblematisch zu erwarten.

c) Auch wenn M ihre Zustimmung erteilt, wäre ein Anerkenntnis der Vaterschaft gemäß § 1594 Abs. 2 nicht wirksam, solange die Vaterschaft eines anderen Mannes besteht. Derzeit besteht aber noch die Vaterschaft des P gemäß § 1592 Nr. 1.

2. Ein Vaterschaftsanerkenntnis des H kann daher erst wirksam werden, wenn die Vaterschaft des P wirksam durch **Anfechtung** beseitigt worden ist. Fraglich ist daher, ob eine Anfechtung der Vaterschaft des P rechtlich möglich ist.

a) Die Vaterschaftsanfechtung erfolgt durch **Antrag** des Anfechtungsberechtigten vor dem Familiengericht. Es handelt sich dabei um eine sog. Abstammungssache (vgl. § 169 FamFG).

aa) Die **Anfechtungsfrist** beträgt gemäß § 1600 b Abs. 1 grundsätzlich zwei Jahre, beginnend mit dem Zeitpunkt, in dem der Berechtigte von den Umständen erfährt, die gegen die Vaterschaft sprechen. Die Frist beginnt freilich nicht vor der Geburt des Kindes zu laufen. Insoweit sind Probleme nicht zu erwarten, da Jan erst im Jahre 2018 geboren wurde.

bb) Anfechtungsberechtigt sind nach **§ 1600** nur folgende Personen:

- der Mann, dessen Vaterschaft nach §§ 1592 Nr. 1 und 2, 1593 besteht, § 1600 Abs. 1 Nr. 1.
- die Mutter, § 1600 Abs. 1 Nr. 3.
- das Kind (vgl. § 1600 Abs. 1 Nr. 4).
- der **biologische Vater** unter den Voraussetzungen des § 1600 Abs. 1 Nr. 2 i.V.m. Abs. 2.

Letzteres setzt voraus, dass zwischen dem Kind und dem bisherigen rechtlichen Vater P keine sozial-familiäre Beziehung besteht.

Da hier die rechtlichen Eltern keine soziale Familie mehr bilden, weil sie sich getrennt haben, fehlt es an einer sozial-familiären Beziehung.

Weiterhin ist H der leibliche Vater von Jan. Danach ist H anfechtungsberechtigt nach § 1600 Abs. 1 Nr. 2 i.V.m. Abs. 2.

cc) Das **Rechtsschutzbedürfnis** muss vorliegen.

Die h.M. verlangt weiterhin, um Anfechtungen ins Blaue hinein zu verhindern, für die Schlüssigkeit des Anfechtungsantrags einen sog. begründeten Anfangsverdacht, d.h. der Anfechtende muss Umstände vortragen, die bei objektiver Betrachtungsweise geeignet sind, Zweifel an der Abstammung des Kindes zu wecken, vgl. § 171 Abs. 2 FamFG.[36] Dies ist H möglich.

---

36 BGH NJW 2005, 340, 342.

Er muss sein Verhältnis mit der Kindesmutter und den Geschlechtsverkehr vor der Geburt von Jan dem Familiengericht im Verfahren offenlegen.

b) Ziel des Anfechtungsantrags des H ist die Feststellung, dass Jan nicht von P abstammt, obwohl dieser durch die Ehe mit M zur maßgeblichen Zeit als Vater vermutet wird, vgl. § 1600 c Abs. 1.

Vermutungen können jedoch widerlegt werden (vgl. auch § 292 ZPO). Der Anfechtungsantrag ist daher begründet, wenn H im Abstammungsverfahren mit naturwissenschaftlichen Methoden seine biologische Vaterschaft nachweist.

Die o.a. Vaterschaftsanerkennung ist daher streng genommen infolge von § 182 Abs. 1 FamFG überflüssig, allerdings natürlich auch nicht schädlich.

Ist der Anfechtungsantrag begründet, so wird festgestellt, dass das Kind nicht von dem früheren Ehemann abstammt. Der erfolgreiche Anfechtungsantrag des biologischen Vaters nach § 1600 Abs. 1 Nr. 2 hat darüber hinaus die Wirkung, dass die Vaterschaft des Anfechtenden positiv festgestellt wird (vgl. § 1592 Nr. 3 i.V.m. § 182 Abs. 1 FamFG).

Ergebnis: H kann seine rechtliche Vaterschaft durch Anfechtung der Vaterschaft des P erzwingen.

14. Teil: Sonstige Familiensachen

Fall 27: Nachtragende Schwiegereltern

Die F ist die Tochter von Gerda und Gustav (Eheleute G). F heiratete im Jahr 2010 den M. M hatte bei Eheschließung bereits ein Grundstück in Tübingen. M und F wollten dieses Grundstück mit einem Einfamilienhaus bebauen; die Kosten dafür sollten sich auf ca. 200.000 € belaufen. Nachdem F ihren Eltern mitteilte, dass sie im fünften Monat schwanger ist, waren diese im Mai 2011 bereit, zum Hausbau 100.000 € zur Verfügung zu stellen. Geschäftsgrundlage der Zuwendung war die erkennbare Erwartung, die Ehe von F mit M werde Bestand haben. Die Eheleute konnten im März 2012 in das neue Haus einziehen und wohnten dort bis Juli 2017 zusammen. Danach zog F aus der Wohnung aus, da M mehrfach Ehebruch begangen hatte. Die Ehe wurde im Mai 2019 rechtskräftig geschieden. Die G verlangen nach Scheidung die Rückzahlung der 100.000 € von M.

M hat sich geweigert, Zahlungen zu erbringen. Er ist der Meinung, die F habe mit ihm in dem Haus immerhin über fünf Jahre zusammengelebt, sodass die Erwartung der G ausreichend erfüllt ist. Er räumt aber ein, dass sein Vermögen in Höhe der Zuwendung von 100.000 € durch das Immobilieneigentum nach wie vor gemehrt ist. Dies sei jedoch unerheblich, zumal der Zugewinnausgleich vorrangig sei und derartige Ansprüche der G verdränge.

Auch sei ein Anspruch der G bereits verjährt, da F bereits 2017 sich von ihm getrennt habe.

Die G suchen RA R auf und bitten um Beratung, ob (materieller Anspruch) sie ihr Geld zurück bekommen können. Die G möchten auch wissen, ob die Familiengerichte in dieser Sache zuständig sind.

A. Materieller Rückzahlungsanspruch der G gegen M

I. Der Rückzahlungsanspruch der Schwiegereltern des M könnte sich aus **§ 313 Abs. 1, Abs. 3 i.V.m. § 346** ergeben, wenn die G von einem Schenkungsvertrag mit M wegen **Störung der Geschäftsgrundlage** wirksam zurückgetreten sind.

1. Die Zuwendung der G an M könnte eine **Schenkung nach § 516** sein, deren Geschäftsgrundlage bedingt durch Scheidung weggefallen ist. Die Grundsätze des Wegfalls der Geschäftsgrundlage müssten weiterhin auf eine derartige Zuwendung **anwendbar** sein. Dies ist nunmehr zu untersuchen.

a) Fraglich ist, ob die Zuwendung der G eine Schenkung ist.

Die Zuwendung der G ist keine sog. **unbenannte Zuwendung**, sondern **Schenkung** an den M gewesen.[37]

Schwiegerelterliche Zuwendungen erfüllen nämlich auch dann sämtliche tatbestandlichen Voraussetzungen des § 516 Abs. 1, wenn sie um der Ehe des eigenen Kindes willen erfolgen. Insbesondere fehlt es im Falle schwiegerelterlicher Zuwendungen nicht an einer mit der Zuwendung einherge-

Die Rspr. hat sich insoweit 2010 geändert; das Problem ist „klausurreif".

37 Vgl. Weinreich/Klein-Rossmann, Vor §§ 1372 Rn. 193; BGH NJW 2010, 2202 bzw. NJW 2010, 2884.

henden dauerhaften Vermögensminderung beim Zuwendenden, wie sie § 516 Abs. 1 voraussetzt. Insoweit unterscheidet sich die Situation von der Vermögenslage, die durch unbenannte Zuwendungen unter Ehegatten entsteht, grundlegend. Dort ist eine Schenkung regelmäßig deshalb zu verneinen, weil der zuwendende Ehegatte die Vorstellung hat, der zugewendete Gegenstand werde ihm letztlich nicht verloren gehen, sondern der ehelichen Lebensgemeinschaft und damit auch ihm selbst zugutekommen. Demgegenüber übertragen Schwiegereltern den zuzuwendenden Gegenstand regelmäßig in dem Bewusstsein auf das Schwiegerkind, künftig an dem Gegenstand nicht mehr selbst zu partizipieren. Die Zuwendung aus ihrem Vermögen hat also eine dauerhafte Verminderung desselben zur Folge.[38]

b) Die **Regelungen des Schenkungsrechts** könnten die Regelungen über die Störung der Geschäftsgrundlage nach § 313 verdrängen.

Die im Schenkungsrecht ausdrücklich vorgesehenen Anspruchsgrundlagen für die Rückforderung von Geschenken wegen Nichterfüllung einer Auflage, wegen Verarmung und wegen groben Undanks des Beschenkten (§§ 527, 528, 530) sind Sonderfälle des Wegfalls der Geschäftsgrundlage. Jedoch ist allgemein anerkannt, dass das Rechtsinstitut des Wegfalls der Geschäftsgrundlage anwendbar ist, soweit der Sachverhalt außerhalb des Bereichs der speziellen Herausgabeansprüche des Schenkers liegt. Um einen Sachverhalt außerhalb des Bereichs der Sondervorschriften handelt es sich indes auch bei dem Scheitern der Ehe.[39]

Somit sind auf Schenkungsverträge die Grundsätze der Störung bzw. des Wegfalls der Geschäftsgrundlage anwendbar.[40]

2. Nunmehr ist zu prüfen, ob ein **Wegfall der Geschäftsgrundlage** vorliegt.

Geschäftsgrundlage sind die nicht zum eigentlichen Vertragsinhalt erhobenen, bei Vertragsschluss aber zu Tage getretenen gemeinsamen Vorstellungen beider Vertragsparteien sowie die der einen Vertragspartei erkennbaren und von ihr nicht beanstandeten Vorstellungen der anderen vom Vorhandensein oder dem künftigen Eintritt gewisser Umstände, sofern der Geschäftswille der Parteien auf diesen Vorstellungen aufbaut.[41] Ist dies hinsichtlich der Vorstellung der Eltern, die eheliche Lebensgemeinschaft des von ihnen beschenkten Schwiegerkindes mit ihrem Kind werde Bestand haben und ihre Schenkung demgemäß dem eigenen Kind dauerhaft zugutekommen, der Fall, so bestimmt sich bei Scheitern der Ehe eine Rückabwicklung der Schenkung nach den Grundsätzen über den Wegfall der Geschäftsgrundlage.

Diese „Erwartung" der Schwiegereltern entspricht der allg. Lebenserfahrung und kann auch bei fehlenden Angaben im Sachverhalt unterstellt werden.

Geschäftsgrundlage der Schenkung der G war für den M deren erkennbare Erwartung, dessen Ehe mit F werde Bestand haben; mit der Schenkung werde zur Schaffung einer Familienwohnung beigetragen, die der Tochter auf Dauer zugutekomme.

---

38 Kritisch dazu Wever, FamRZ 2010, 1047.

39 BGH FamRZ 1990, 600, 602.

40 BGH NJW 2010, 2202 = FamRZ 2010, 958 Rn. 25 ff.; vgl. ferner BGH, NJW 2003, 510 = FamRZ 2003, 223; NJW 1999, 1623 = FamRZ 1999, 705, 707.

41 BGH NJW 2010, 522.

Diese Geschäftsgrundlage ist mit dem Auszug der Tochter aus dem im Alleineigentum des M stehenden Haus und der Scheidung der Ehe endgültig entfallen.

3. Die Grundsätze über die Störung der Geschäftsgrundlage unterliegen den Prinzipien von **Treu und Glauben**. Die Erfüllung des Rückforderungsanspruchs ist dem M nicht zumutbar, wenn er dadurch im Hinblick auf den Zugewinnausgleich einer doppelten Inanspruchnahme ausgesetzt wäre.

Das Schwiegerkind braucht aber eine Inanspruchnahme im Wege des Zugewinnausgleichs nicht zu befürchten. Dies ergibt sich daraus, dass schwiegerelterliche Schenkungen nicht nur im End-, sondern auch im Anfangsvermögen des Schwiegerkindes zu berücksichtigen sind und sich somit im Zugewinnausgleich nicht auswirken. Die Schenkung der Schwiegereltern kann nämlich als privilegiertes Anfangsvermögen nach § 1374 Abs. 2 verstanden werden, auch wenn sie um der Ehe des eigenen Kindes willen erfolgt ist.

Allerdings ist die privilegierte schwiegerelterliche Schenkung lediglich in einer um den Rückforderungsanspruch verminderten Höhe in das Anfangsvermögen des Schwiegerkindes einzustellen. Denn der Beschenkte hat den zugewendeten Gegenstand nur mit der Belastung erworben, die Schenkung im Falle des späteren Scheiterns der Ehe schuldrechtlich ausgleichen zu müssen. Zwar steht bei Eingehen der Ehe noch nicht fest, ob und in welcher Höhe der Rückforderungsanspruch entstehen wird, es handelt sich also um eine ungewisse Forderung. Allerdings besteht in der Regel nur Veranlassung, das Anfangsvermögen zu ermitteln, wenn die Ehe gescheitert ist. Dann steht aber auch fest, dass und in welcher Höhe die Forderung entstanden ist. Daher kann sie mit ihrem vollen Wert in das Anfangsvermögen des Beschenkten eingestellt werden.

Ist demgemäß nicht nur die Schenkung selbst, sondern auch der Rückforderungsanspruch der Schwiegereltern sowohl im End- als auch im Anfangsvermögen des Schwiegerkindes zu berücksichtigen, folgt hieraus zugleich, dass die Schenkung der Schwiegereltern regelmäßig im Zugewinnausgleichsverfahren vollständig unberücksichtigt bleiben kann.

4. Die Ehe von M und F hat längere Zeit Bestand gehabt, sodass der **Zweck** der Schenkung zumindest **teilweise erreicht** wurde. Dies hat eine Reduzierung der Ausgleichsforderung der G zur Folge.[42]

Die Berechnung dieses Abschlags ist umstritten.[43] Die überwiegende Auffassung geht davon aus, dass von einer Zweckerreichung auszugehen ist, wenn die Ehe nach der Schenkung noch 20 Jahre Bestand hatte. Scheitert die Ehe zehn Jahre nach der Schenkung wird ein Abschlag von 50% für angemessen angesehen sowie bei Scheitern nach fünf Jahren von 25%.[44]

Die Problematik ist nicht leicht erkennbar und erfordert – unterstellt, man lässt sich darauf ein – nun auch „Phantasie", um einen Lösungsweg dafür zu finden. Dies wird dann aber auch entsprechend positiv bewertet.

Danach können die G noch 75.000 € zurück verlangen.

Eine andere Auffassung hält den Umfang der durch die Zuwendung bedingten, beim Empfänger noch vorhandenen Vermögensmehrung für maßgeblich. Ein Rückforderungsanspruch setze grundsätzlich eine beim

42 Weinreich/Klein-Roßmann, Vor §§ 1372 Rn. 433; Wever, FamRZ 2013, 1 ff.
43 Vgl. dazu BGH FamRZ 2015, 493.
44 OLG Düsseldorf, FamRZ 2014, 162 f.

Wegfall der Geschäftsgrundlage noch vorhandene, messbare Vermögensmehrung voraus, die zugleich den Anspruch nach oben begrenzt.

Danach ist davon auszugehen, dass die G ihre 100.000 € vollständig zurück bekommen könnten.

Vielfach wird an die Lebenserwartung der Beschenkten angeknüpft.

Der Abschlag für teilweise Zweckerreichung bemisst sich danach, in welchem Verhältnis die Dauer nach der Zuwendung bis zum Scheitern der Ehe zur angenommenen Gesamtdauer der Ehe im Zeitpunkt der Zuwendung, der so genannten Eheerwartung, steht. Die Lebenserwartung lässt sich Sterbetafeln entnehmen.

Da der Sachverhalt sich zum Lebensalter der Beteiligten nicht äußert, ist eine genaue prozentuale Eingrenzung nicht möglich. Schätzungsweise wird davon auszugehen sein, dass danach etwa 10–20 % der Zuwendung nicht mehr verlangt werden kann.

Alle dargestellten Meinungen sind grundsätzlich vertretbar; folgt man der restriktivsten Meinung, ist zumindest ein Rückforderungsanspruch i.H.v. 75.000 € gegeben.

5. Der Anspruch der G ist nicht verjährt.

Der Rückgewähranspruch nach § 313 ist schuldrechtlicher Natur und verjährt nach §§ 195, 199 Abs. 1 in drei Jahren. Ist allerdings Gegenstand der Zuwendung eine Immobilie, so wendet die Rspr. die Sonderregelung des § 196 BGB an, die zu einer zehnjährigen Verjährungsfrist bei Grundstückszuwendungen führt. Die Verjährungsfrist **beginnt** mit dem Scheitern der Ehe. Da das Scheitern der Ehe regelmäßig spätestens mit der Zustellung des Scheidungsantrags zum Ausdruck kommt, liegt die für den Beginn der regelmäßigen Verjährungsfrist erforderliche Kenntnis der Schwiegereltern vom Scheitern der Ehe ihres Kindes jedenfalls dann vor, wenn sie von der Zustellung des Scheidungsantrags Kenntnis erlangt haben oder ohne grobe Fahrlässigkeit hätten erlangen müssen.[45]

Ergebnis: Der Rückforderungsanspruch der Schwiegereltern ist in Höhe von 75.000 € begründet.

II. Der Rückforderungsanspruch der Schwiegereltern kann sich auch wegen **Zweckverfehlung aus § 812 Abs. 1 S. 2 Alt. 2** ergeben.

1. Fraglich ist zunächst, ob bereicherungsrechtliche Ansprüche aufgrund eines Vorrangs der Grundsätze über die Störung der Geschäftsgrundlage verdrängt werden. Die h.M.[46] geht allerdings nicht von einem Vorrang der Grundsätze des § 313 aus, auch wenn diese Prinzipien flexibler sein mögen.

2. Es müsste eine **Zweckvereinbarung** der Beteiligten vorliegen.

Eine Zweckabrede i.S.d. § 812 Abs. 1 S. 2 Alt. 2 setzt positive Kenntnis von der Zweckvorstellung des anderen Teils voraus; ein bloßes Kennenmüssen genügt nicht.[47] Häufig nehmen die Beteiligten im Zeitpunkt der Schenkung die Möglichkeit eines späteren Scheiterns der Ehe allerdings nicht in

45 BGH NJW 2016, 629 = NZFam 2016, 165.
46 Vgl. dazu ausführlich BGH NJW 2010, 2884, 2886.
47 BGH NJW 1992, 427.

ihre Überlegungen auf. In diesen Fällen mag zwar dennoch eine gemeinsame Vorstellung vom Fortbestand der ehelichen Lebensgemeinschaft vorliegen, welche die Geschäftsgrundlage der Schenkung bildet; eine entsprechende Zweckvereinbarung kommt jedoch von vornherein nicht in Betracht.

M war im vorliegenden Fall erkennbar, dass G die Zuwendung nur machten, weil sie vom Bestand der Ehe ausgingen. Dies war die erkennbare Zweckvorstellung.

3. Aufgrund des Scheiterns der Ehe ist es zur – teilweisen – **Zweckverfehlung** gekommen, weshalb die Voraussetzungen des § 812 Abs. 1 S. 2 Alt. 2 gegeben sind. Da der Zweck nur teilweise verfehlt wurde, d.h. die Ehe zumindest fünf Jahre Bestand hatte, ist ein angemessener Abschlag von 25% zu berücksichtigen (s.o.).

Ergebnis: Danach ergibt sich ein Rückzahlungsanspruch von G gegen M wegen Zweckverfehlung auch aus § 812 Abs. 1 S. 2 Alt. 2 in Höhe von 75.000 €.

B. Zuständigkeit der Familiengerichte

Die Familiengerichte sind sachlich zuständig, da es sich bei dem Anspruch der G um eine sonstige Familiensache nach § 266 Abs. 1 Nr. 3 FamFG handelt. Das Verfahren ist eine sog. Familienstreitsache (§ 112 Nr. 3 FamFG), die nach § 113 Abs. 1 FamFG weitgehend nach den Verfahrensbestimmungen der ZPO abgewickelt wird.

15. Teil: Die nichteheliche Lebensgemeinschaft

Fall 28: Beim Geld hört die Freundschaft auf

Bettina (B) und Frank (F) leben seit 2015 in nichtehelicher Lebensgemeinschaft. Eine Heirat lehnen sie ab, da sie bereits eine gescheiterte Ehe hinter sich haben. F erwirbt im Jahre 2017 ein Grundstück in Berlin als Alleineigentümer. B und F beschließen, dieses zu bebauen und dort gemeinsam zu leben. B bringt dabei ihre gesamten Ersparnisse i.H.v. 100.000 € ein, da dieses Haus dem gemeinsamen Leben dienen soll. Dazu überweist sie diese Summe auf das Konto von F, damit dieser Forderungen der Bauunternehmer bezahlen kann. Im März 2019 lernt F im Skiurlaub die attraktive Nora kennen (und lieben). Nach einem längeren Gespräch verlangt F von B, dass sie aus dem Haus auszieht, da er der Eigentümer sei. B sucht unmittelbar danach Rechtsanwalt Schmitt auf. Dieser soll prüfen, ob und wie sie die von ihr investierten 100.000 € von F zurückbekommen kann.

Wie ist die Rechtslage?

Anspruch der B gegen F auf Zahlung von 100.000 €

I. Ein Zahlungsanspruch der B könnte sich aus einem Partnerschaftsvertrag ergeben, vgl. §§ 241, 311 Abs. 1.

Ein **Partnerschaftsvertrag**, der für den Fall der Beendigung der nichtehelichen Partnerschaft die erforderlichen Abwicklungsregeln enthalten könnte, setzt eine vertragliche Regelung voraus. Sie ist hier nicht ersichtlich.

II. Die Parteien haben bei der Beendigung ihrer Lebensgemeinschaft auch keinen **Abfindungsvergleich** geschlossen.

III. B könnte gegen F einen Anspruch auf Zugewinnausgleich nach **§ 1378 Abs. 1** haben. Da B und F nicht verheiratet waren, müssten die Regeln über den Zugewinnausgleich bei Auflösung einer nichtehelichen Lebensgemeinschaft **analog** anwendbar sein.

Eine **analoge Anwendung** der Regelung über den Zugewinnausgleich erfordert 1. eine Regelungslücke, die 2. planwidrig ist sowie 3. die Vergleichbarkeit des geregelten und des nicht geregelten Sachverhalts.

Zweifelhaft ist schon die Planwidrigkeit des Fehlens einer gesetzlichen Regelung. Der Gesetzgeber hat von einer Regelung vermögensrechtlicher Ausgleichsansprüche für nichteheliche Lebensgemeinschaften bewusst abgesehen. Zudem fehlt es auch an der Vergleichbarkeit der Sachverhalte: Eheschließende unterwerfen sich bewusst und gewollt einem umfassenden gesetzlichen Ausgleichsinstrumentarium für den Fall des Scheiterns der Ehe. Ein solcher Wille besteht bei den Partnern einer nichtehelichen Lebensgemeinschaft dagegen nicht. B hat daher keinen Anspruch aus § 1378 Abs. 1 analog.

IV. Der Zahlungsanspruch der B könnte aus § 1298 analog wegen Rücktritts vom Verlöbnis berechtigt sein.

Die für eine Analogie erforderliche **Vergleichbarkeit des geregelten mit dem nicht geregelten Sachverhalt** ist allerdings auch hier nicht gegeben, da die Partner einer nichtehelichen Lebensgemeinschaft im Unterschied zu Verlobten gerade keine Verrechtlichung ihrer Beziehung durch Eheschließung anstreben, die eine Vertrauenshaftung rechtfertigt. Ein Anspruch der F aus § 1298 analog scheidet daher aus.

V. Eventuell kann der Zahlungsanspruch aus Darlehensvertrag, § 488 Abs. 1 S. 2 abgeleitet werden.

Mangels einer ausdrücklichen Vereinbarung kommt nur ein konkludent geschlossener Darlehensvertrag in Betracht. Dann müssten sich B und F anlässlich der Überlassung des Geldes (stillschweigend) darüber einig gewesen sein, dass F zur Rückzahlung des Betrages verpflichtet sein soll. Bei der Geldleistung handelte es sich um einen Beitrag zur gemeinsamen Lebensführung, die F seinerseits durch die Bereitstellung seines Grundstücks zum gemeinsamen Wohnen unterstützte. Es ist daher nicht anzunehmen, dass dieser Betrag nach dem übereinstimmenden Willen von B und F bei einer späteren Trennung zurückgezahlt werden sollte. Ein konkludent geschlossener Darlehensvertrag liegt nicht vor.

Klausurtipp:
Dieser Klausurtyp macht es erforderlich, eine Vielzahl möglicher Anspruchsgrundlagen anzusprechen und zu diskutieren.

Ein Anspruch aus einem von B an F gewährten Darlehen, § 488, scheitert somit an dem Fehlen einer Kreditabrede.

VI. B könnte einen Anspruch aus **§§ 530 Abs. 1, 531, 818 Abs. 2 wegen Widerrufs einer Schenkung** gegen M haben.

1. Die **Schenkung** setzt eine **Einigung über die Unentgeltlichkeit der Zuwendung** voraus, § 516 Abs. 1. Mangels ausdrücklicher Abrede können sich B und F allenfalls konkludent über die Unentgeltlichkeit geeinigt haben. Dabei ist entscheidend auf den Zweck der Zuwendung abzustellen: Nur wenn die Zuwendung ausschließlich dem Partner zugutekommen soll, kommt eine Schenkung in Betracht. Dient die Zuwendung der gemeinsamen Lebensführung – das ist bei alltäglichen Leistungen mit „unterhaltsrechtlichem Charakter" der Regelfall –, so handelt es sich um eine sog. unbenannte Zuwendung.

2. Fraglich ist, ob eine sog. unbenannte Zuwendung vorliegt.

a) Nach h.M.[48] liegt eine **ehebezogene unbenannte Zuwendung** vor, wenn ein Ehegatte dem anderen einen Vermögenswert um der Ehe willen und als Beitrag zur Verwirklichung und Ausgestaltung, Erhaltung oder Sicherung der ehelichen Lebensgemeinschaft zukommen lässt, wobei er die Vorstellung oder Erwartung hegt, dass die eheliche Lebensgemeinschaft Bestand haben und er innerhalb dieser Gemeinschaft am Vermögenswert und dessen Früchten weiter teilhaben werde. Darin liegt die Geschäftsgrundlage der Zuwendung.

b) Die von der h.M. bei Ehegatten getroffene Unterscheidung zwischen Schenkung und unbenannter Zuwendung ist auf die Rechtsbeziehungen zwischen nichtehelichen Lebenspartnern übertragbar.

Durch die Überlassung der 100.000 € trug B zur gemeinsamen Lebensführung bei, die F durch andere Leistungen förderte. Die Zahlung der 100.000 € stand in einem Austauschverhältnis zu den der Lebensgemeinschaft zugutekommenden Leistungen des B und erfolgte somit nicht unentgeltlich. Es handelt sich somit um eine sog. unbenannte Zuwendung

48 BGH NJW 2006, 2330.

zur Verwirklichung der Lebensgemeinschaft, auf die das Schenkungsrecht keine Anwendung findet.

3. Der Anspruch der B scheitert zudem daran, dass in der Auflösung der nichtehelichen Lebensgemeinschaft kein **„grober Undank" i.S.d. § 530** liegt, weil die jederzeitige Auflösbarkeit beiden Partnern bekannt und von beiden Partnern gewollt ist. Etwas anderes könnte gelten, wenn sich F das Geld zu einem Zeitpunkt hätte geben lassen, zu dem er sich ohne Wissen der B bereits der neuen Freundin zugewandt hat.

Das ist hier aber nicht der Fall.

Ergebnis: F hat daher keinen Zahlungsanspruch aus §§ 530 Abs. 1, 531, 818 Abs. 2.

VII. Der Zahlungsanspruch könnte sich aus § 738 Abs. 1 S. 2 ergeben.

Es könnte ein Auseinandersetzungsanspruch aus einer zwischen B und F geschlossenen Gesellschaft bürgerlichen Rechts gegeben sein, **§§ 730 ff. i.V.m. §§ 726, 705**.

Zwischen B und F könnte eine BGB-Gesellschaft in der Form der Innengesellschaft zustande gekommen sein.

1. Allein der Umstand, dass M und F sich zu einer nichtehelichen Lebensgemeinschaft zusammengeschlossen haben, begründet jedoch kein **Gesellschaftsverhältnis**. Aufgrund ihrer gegenseitigen Verbundenheit ist vielmehr davon auszugehen, dass die Partner ihre jeweiligen persönlichen und wirtschaftlichen Leistungen nicht genau gegeneinander aufrechnen wollten. Eine konkludente gesellschaftsrechtliche Vereinbarung liegt somit nicht vor.

2. Allerdings könnte eine analoge Anwendung des Gesellschaftsrechts möglich sein.

a) Teilweise wird vertreten, gesellschaftsrechtliche Grundsätze könnten trotz Fehlens eines konkludent geschlossenen Gesellschaftsvertrages anzuwenden sein.[49] Voraussetzung ist, dass die nichtehelichen Partner einen Vermögensgegenstand mit der Absicht erwerben bzw. erhalten wollten, einen – wenn auch nur wirtschaftlich – gemeinsamen Wert zu schaffen, der ihnen nach ihrer Vorstellung auch gemeinsam gehören sollte (sog. **faktische Gesellschaft**). Zwar hatte B mit den 100.000 € einen erheblichen Beitrag zum Bau des Einfamilienhauses beigesteuert. Auch steht allein der Umstand, dass F formal Alleineigentümer des Hauses ist, der Absicht gemeinsamer Wertschöpfung nicht entgegen. Jedoch kam es beiden in erster Linie darauf an, die nichteheliche Lebensgemeinschaft durch Beiträge zu fördern, d.h. weniger ist die Absicht zu erkennen, mit dem Einfamilienhaus einen ihnen gemeinsam gehörenden Wert zu schaffen bzw. zu erhalten. Die Förderung des gemeinsamen Zusammenlebens allein stellt aber keinen die analoge Anwendung der gesellschaftsrechtlichen Vorschriften rechtfertigenden Umstand dar.

---

49 Vgl. dazu Dethlof § 8 Rn. 22 ff.

b) Die h.M.[50] vertritt zudem die Auffassung, dass eine Abwicklung nach gesellschaftsrechtlichen Grundsätzen auch im Rahmen einer **eheähnlichen Lebensgemeinschaft** einen zumindest schlüssig zustande gekommenen Vertrag voraussetzt, eine rein faktische Willensübereinstimmung mithin nicht als ausreichend erachtet werden kann.

Der h.M. sollte gefolgt werden. Gerade weil die nichteheliche Lebensgemeinschaft vom Ansatz her eine Verbindung ohne Rechtsbindungswillen ist, erscheint ein solcher zumindest schlüssiger Gesellschaftsvertrag für die Anwendung gesellschaftsrechtlicher Grundsätze erforderlich.

Letztlich kann dies aber dahinstehen, da auch nach der o.a. Auffassung eine gesellschaftsrechtliche Auseinandersetzung nicht möglich ist.

Ergebnis: Ein gesellschaftsrechtlicher Auseinandersetzungsanspruch der B gegen F scheidet danach aus.

VIII. Fraglich ist, ob die B einen bereicherungsrechtlichen Zahlungsanspruch **aus § 812 Abs. 1 S. 2 (Alt. 2) (Zweckverfehlungskondiktion)** gegen F geltend machen kann. Dann müssten die Voraussetzungen dafür vorliegen.

Nach § 812 Abs. 1 S. 2 Alt. 2 besteht für den Empfänger einer Leistung die Pflicht zur Herausgabe der Zuwendung, sofern der mit der Leistung nach dem Inhalt des Rechtsgeschäfts bezweckte Erfolg nicht eingetreten ist.

Bislang wurde es allgemein abgelehnt, den Partnern einer nichtehelichen Lebensgemeinschaft bei Scheitern ihrer Beziehung einen bereicherungsrechtlichen Ausgleich zu gewähren. Regelten die Partner ihre Beziehungen nicht besonders, so gebe es keinen Ausgleich für gewährte Zuwendungen.

Letztlich ist diese restriktive Haltung jedoch unangemessen. Angesichts der hohen Scheidungsraten ist es **wertungswidrig**, nur bei Ehegatten das Vertrauen in die lebenslange Dauer ihrer Verbindung rechtlich zu schützen.

Der BGH hat in dieser Frage die Rspr. geändert – dies ist regelmäßig examensrelevant!

Fraglich ist aber, ob die Anforderungen eines Anspruchs nach § 812 Abs. 1 S. 2 Alt. 2 gegeben sind.

1. Voraussetzung eines Anspruchs aus § 812 Abs. 1 S. 2 Alt. 2 ist eine tatsächliche Einigung über den Zweck der Leistung zwischen den beteiligten Partnern – **Zweckabrede**; einseitige Vorstellungen genügen nicht. Eine stillschweigende Einigung in diesem Sinne kann aber angenommen werden, wenn der eine Teil mit seiner Leistung einen bestimmten Erfolg bezweckt und der andere Teil dies erkennt und die Leistung entgegennimmt, ohne zu widersprechen.[51]

Zwischen B und F muss demnach bzgl. der finanziellen Zuwendungen der B eine Zweckabrede i.S.d. § 812 Abs. 1 S. 2 Alt. 2 gegeben sein.

Ausreichend wäre etwa, dass B die Zuwendung für den F erkennbar zu dem Zweck gemacht hat, ein **lebenslanges Wohnrecht** in dem Haus eingeräumt zu bekommen. Bedeutsam ist auch die Höhe der Zuwendung. So ist der Betrag von 100.000 € erheblich, d.h. er geht deutlich über Beiträge hinaus, die üblicherweise im Rahmen von nichtehelichen Lebensgemeinschaften entschädigungslos erfolgen.

Die danach erforderliche finale Ausrichtung der Leistung auf einen nicht erzwingbaren Erfolg wird sich nämlich innerhalb einer nichtehelichen Le-

50 BGH NJW 2006, 1268, 1270.
51 BGH FamRZ 1992, 160, 161 m.w.N.

bensgemeinschaft oder einer anderen auf Dauer angelegten Partnerschaft nur bezüglich solcher Zuwendungen oder Arbeitsleistungen feststellen lassen, die deutlich über das hinausgehen, was die Gemeinschaft Tag für Tag benötigt. Sie kann auch nicht allgemein in dem gegenwärtigen Zusammenleben mit dem Partner erblickt werden. Zu fordern ist vielmehr eine konkrete Zweckabrede, wie sie etwa dann vorliegen kann, wenn die Partner zwar keine gemeinsamen Vermögenswerte schaffen wollten, der eine aber das Vermögen des anderen in der auch dem Partner erkennbaren Erwartung vermehrt hat, an dem erworbenen Gegenstand langfristig partizipieren zu können. Eine bloß latent gehegte einseitige Erwartung eines Partners des Fortbestands der Gemeinschaft ist nicht ausreichend. Häufig wird eine konkrete Zweckvereinbarung auch deshalb ausscheiden, weil die Beteiligten im Zeitpunkt der Zuwendung nicht an ein Scheitern ihrer Beziehung denken.

Die erforderliche Zweckabrede ist im vorliegenden Fall nicht erkennbar. Der Betrag der Zuwendung ist zwar von erheblicher Bedeutung, dies allein ist aber nicht ausreichend.

2. Ergebnis: Daraus folgt, dass der B ein Ausgleichsanspruch gemäß § 812 Abs. 1 S. 2 Alt. 2 nicht zusteht, da eine Zweckabrede nicht vorliegt.

IX. Der Anspruch auf Rückzahlung der 100.000 € könnte sich **aus § 313 wegen Störung der Geschäftsgrundlage** ergeben.

Da es an einer Zweckabrede fehlt, scheidet ein Anspruch aus § 812 Abs. 1 S. 2 Alt. 2 aus. In diesem Fall könnte B jedoch ein Ausgleichsanspruch nach den Grundsätzen über den Wegfall der Geschäftsgrundlage gemäß § 346 Abs. 1 i.V.m. § 313 Abs. 3 zustehen.

Während die Rspr. es früher abgelehnt hat, den Partnern einer nichtehelichen Lebensgemeinschaft bei Scheitern ihrer Beziehung Ausgleichsansprüche nach den Grundsätzen über den Wegfall der Geschäftsgrundlage zu gewähren, hält der XII. Zivilsenat des BGH einen solchen Ausgleich für möglich.

1. Die Grundsätze über den Wegfall der Geschäftsgrundlage (§ 313) müssten **anwendbar** sein.

Ein Ausgleichsanspruch nach den Grundsätzen über den Wegfall der Geschäftsgrundlage (§ 313) kommt in Betracht, soweit der gemeinschaftsbezogenen Zuwendung die Vorstellung oder Erwartung zugrunde lag, die Lebensgemeinschaft, deren Ausgestaltung sie gedient hat, werde Bestand haben.

Die Rückabwicklung erfasst insoweit etwa Fälle, in denen es mangels Schaffung eines gemeinschaftlichen Vermögenswertes nicht zu gesellschaftsrechtlichen Ausgleichsansprüchen kommt oder in denen eine Zweckabrede i.S.d. § 812 Abs. 1 S. 2 Alt. 2 nicht festzustellen ist.

Sie hat allerdings nicht zur Folge, dass sämtliche Zuwendungen bei Scheitern der Beziehung auszugleichen wären. Auszuscheiden sind zunächst die im Rahmen des täglichen Zusammenlebens ersatzlos erbrachten Leistungen. Nicht anders zu beurteilen sind aber auch die Leistungen desjenigen Partners, der nicht zu den laufenden Kosten beiträgt, sondern größere Einmalzahlungen erbringt: Er kann insofern nicht besser gestellt werden als derjenige Partner, dessen Aufwendungen den täglichen Bedarf decken oder der sonst erforderlich werdende Beiträge übernimmt.

Die Grundsätze über den Wegfall der Geschäftsgrundlage (§ 313) sind im vorliegenden Fall anwendbar, weil B einen Betrag von 100.000 € zumindest in der Erwartung des Fortbestands der nichtehelichen Lebensgemeinschaft erbracht hat. Die Größenordnung der Zuwendung macht deutlich, dass es sich dabei nicht nur um Bedarfsdeckung gehandelt hat.

2. Voraussetzung eines solchen Ausgleichsanspruchs ist weiter, dass sich **Umstände, die die Geschäftsgrundlage des Vertrages bilden, nach Vertragsschluss schwerwiegend verändert** haben. Insoweit ist eine Abwägung der Interessen erforderlich.

Bei der Abwägung, ob und gegebenenfalls in welchem Umfang Zuwendungen zurückerstattet oder Arbeitsleistungen ausgeglichen werden müssen, ist zu berücksichtigen, dass der Partner es einmal für richtig erachtet hat, dem anderen diese Leistungen zu gewähren. Ein korrigierender Eingriff ist grundsätzlich nur gerechtfertigt, wenn dem Leistenden die Beibehaltung der durch die Leistungen geschaffenen Vermögensverhältnisse nach Treu und Glauben nicht zuzumuten ist. Insofern erscheint es sachgerecht, auf den Maßstab zurückzugreifen, der für den Ausgleich von Zuwendungen unter Ehegatten gilt, die im Güterstand der Gütertrennung leben. Das Merkmal der Unbilligkeit impliziert zugleich, dass ein Ausgleich nur wegen solcher Leistungen in Betracht kommt, denen nach den jeweiligen Verhältnissen erhebliche Bedeutung zukommt. Maßgebend ist eine Gesamtabwägung der Umstände des Einzelfalls, in die auch der Zweck der Zuwendung einzubeziehen sowie zu berücksichtigen ist, inwieweit dieser Zweck erreicht worden ist.

Die Abwägung der Interessen führt zu dem Ergebnis, dass F billigerweise nicht erwarten kann, dass ihm die Zuwendung von 100.000 € entschädigungslos verbleibt.

Ergebnis: Danach steht B ein Ausgleichsanspruch nach den Grundsätzen über den Wegfall der Geschäftsgrundlage gemäß § 346 Abs. 1 i.V.m. § 313 Abs. 3 zu, da die Zuwendung von erheblicher Bedeutung war.

Fall 29: Unklare Eigentumsverhältnisse

Siggi (S) lebte mit Karin (K) seit 2016 in einer nichtehelichen Lebensgemeinschaft in Augsburg zusammen. Einen im September 2018 erworbenen gebrauchten Pkw der Marke Audi A 6 (Wert ca. 10.000 €) nutzten S und K gemeinsam. Der Motorradhändler Baum (B), der zwei titulierte Forderungen über insgesamt 9.000 € gegen S hat, ließ am 11.04.2019 den Pkw pfänden. K, die den S am 29.06.2019 geheiratet hat, macht geltend, sie sei im Zeitpunkt der Pfändung Alleineigentümerin des Fahrzeugs gewesen, und beantragt vor dem zuständigen Landgericht, die Zwangsvollstreckung für unzulässig zu erklären. B ist dem mit der Behauptung entgegengetreten, der Pkw gehöre allein dem S. Ist die Klage der K erfolgreich, wenn die Eigentumsverhältnisse an dem Fahrzeug nicht aufgeklärt werden können?

Die von K erhobene Klage, gestützt auf ihr Miteigentum am Auto, ist als sog. **Drittwiderspruchsklage nach § 771 ZPO** erfolgreich, wenn sie zulässig und begründet ist.[52]

A. Zulässigkeit der Klage nach § 771 ZPO

I. K macht geltend, dass der Gegenstand der Zwangsvollstreckung nicht dem Vollstreckungsschuldner (d.h. dem S), sondern ihr gehöre. Somit ist ihr Klagebegehren als Drittwiderspruchsklage gemäß § 771 ZPO **statthaft**.

II. Die **Zuständigkeit** des Gerichts ist nun zu prüfen.

1. Die **sachliche Zuständigkeit** des Gerichts beurteilt sich nach §§ 23 Nr. 1, 71 Abs. 1 GVG. Entscheidend ist grundsätzlich der Forderungsbetrag (hier 9.000 €). Ist aber der Wert des Pfandgegenstandes (vgl. § 6 S. 2 ZPO) geringer, dann ist dieser maßgeblich.[53] Der Wert des Pfandgegenstandes beträgt ca. 10.000 €, sodass dies nicht der Fall ist. Da beide Beträge aber über 5.000 € liegen, ist sachlich ohnehin das Landgericht zuständig.

2. Örtlich zuständig ist nach §§ 771 Abs. 1, 802 ZPO ausschließlich das Gericht, in dessen Bezirk die Zwangsvollstreckung stattfindet. Dies bedeutet, dass das Landgericht Augsburg zuständig ist.

III. Da die Zwangsvollstreckung bereits begonnen hat, weder aufgehoben noch durch Auskehrung des Versteigerungserlöses vollständig beendet worden ist, ist das erforderliche **Rechtsschutzbedürfnis** der K gegeben.

Ergebnis: Die Drittwiderspruchsklage ist somit zulässig.

B. Begründetheit der Klage

Die Klage ist begründet, wenn die K an dem Gegenstand der Zwangsvollstreckung ein die Veräußerung hinderndes Recht hat und auch aus sonstigen Gründen nicht gemäß § 242 zur Duldung der Zwangsvollstreckung in den Gegenstand verpflichtet ist.

---

52 Fall nach BGH NJW 2007, 992.

53 Thomas/Putzo § 771 Rn. 25.

I. Zunächst müsste ein **die Veräußerung hinderndes Recht** gegeben sein.

1. Das **Miteigentum** der K an dem Gegenstand der Zwangsvollstreckung ist ein solches Recht. Hierzu ist festzustellen, dass der S und die K an dem im September 2018 erworbenen Fahrzeug von Anfang an Mitbesitz hatten, weil sie damals schon zusammenlebten und das Fahrzeug gemeinsam nutzten. Auf dieser tatsächlichen Grundlage wird nach § 1006 Abs. 1 S. 1 i.V.m. § 1008 vermutet, dass der S und die K mit der Erlangung des Mitbesitzes Eigentümer geworden sind. Zu ihren Gunsten wird weiter vermutet, sie hätten bei Besitzübergabe unbedingtes Eigentum erlangt und seien während der Dauer ihres Besitzes Miteigentümer geblieben.

Klausurtipp:
Streng genommen gibt es überhaupt kein die Veräußerung hinderndes Recht. Selbst das (Mit-)Eigentum kann kein „die Veräußerung hinderndes Recht" sein, da die Möglichkeit eines gutgläubigen Erwerbs vom Nichteigentümer besteht. Gemeint ist richtigerweise ein Recht, das eine Veräußerung des Vollstreckungsgegenstands durch den Schuldner zu einem widerrechtlichen Eingriff in den Rechtskreis des Dritten machen würde.

2. Die Vermutung des § 1006 Abs. 1 S. 1 kommt dem Drittwiderspruchskläger im **Anwendungsbereich des § 1362 Abs. 1 S. 1** allerdings nur eingeschränkt zugute. Nach dieser Bestimmung wird zugunsten des Gläubigers des Mannes und der Frau vermutet, dass die im Besitz beider Ehegatten befindlichen Sachen dem Schuldner (allein) gehören. § 1362 Abs. 1 S. 1 will den Gläubigern von Eheleuten den Zugriff auf deren Vermögen erleichtern, weil der gemeinsame Haushalt die eindeutige Zuordnung der einzelnen Gegenstände zum Eigentum des Mannes oder der Frau häufig erschwert. Für den Außenstehenden ist in der Regel nicht ersichtlich, welche Gegenstände jeder Partner bereits in die Ehe eingebracht hat. Durch die Führung eines gemeinsamen Haushalts kommt es zu einer tatsächlichen Vermischung der bis dahin vorhandenen beweglichen Habe. Bei den während der Ehe angeschafften Sachen ist oftmals nicht hinreichend erkennbar, ob sie gemeinsam oder nur von einem Ehepartner zu Eigentum erworben wurden. Darüber hinaus können die Eigentumsverhältnisse in der Ehe leicht verschleiert werden.

a) Der Gläubiger kann sich auf die Vorschrift **des § 1362** jedoch nur berufen, wenn die Voraussetzungen der Norm im Zeitpunkt der Pfändung vorlagen. Zur Zeit der Pfändung waren S und K freilich nicht verheiratet, sondern lebten nichtehelich zusammen. Es ist auch ohne Bedeutung, dass der S und die K später geheiratet haben.

Nach § 739 ZPO gilt darüber hinaus derjenige Ehegatte, dessen Eigentum nach § 1362 vermutet wird, für die Zwangsvollstreckung unwiderleglich als alleiniger Gewahrsamsinhaber. Durch § 739 ZPO bleibt der Pfändungsvorrang fehlerfrei (keine Verletzung des Mitgewahrsams durch den Gerichtsvollzieher, vgl. §§ 808, 809 ZPO), wenn die Vermutung des § 1362 Abs. 1 eingreift.

b) Fraglich ist aber, ob die Vermutung des § 1362 auf die Partner einer nichtehelichen Lebensgemeinschaft **entsprechend anzuwenden** ist. Eine Analogie setzt voraus, dass das Gesetz eine Regelungslücke enthält und der zu beurteilende Sachverhalt in rechtlicher Hinsicht soweit mit dem Tatbestand vergleichbar ist, den der Gesetzgeber geregelt hat, dass angenommen werden kann, der Gesetzgeber wäre bei einer Interessenabwägung, bei der er sich von den gleichen Grundsätzen hätte leiten lassen wie bei dem Erlass der herangezogenen Gesetzesvorschrift, zu dem gleichen Abwägungsergebnis gekommen. Die Unvollständigkeit des Gesetzes muss „planwidrig" sein.

An einer solchen planwidrigen Regelungslücke fehlt es jedoch. Die Zahl der nichtehelichen Lebensgemeinschaften ist jedenfalls seit Beginn der 70er Jahre stark angestiegen. Nach Schätzungen hat sich ihre Zahl zwischen 1972 und 1995 verzehnfacht. Aktuell geht jedes dritte Kind, welches geboren wird, aus einer nichtehelichen Lebensgemeinschaft hervor. Der Gesetzgeber hat sich mehrfach mit der Problematik und sozialen Bedeutung beschäftigt, sich aber bewusst dafür entschieden, § 1362 auf nichteheliche Lebensgemeinschaften nicht auszudehnen.

Die „gesetzesübersteigende Rechtsfortbildung" setzt voraus, dass das Gesetz lückenhaft ist, wobei sich die Unvollständigkeit der rechtlichen Regelung nicht wie bei der Analogie am Plan des Gesetzes selbst, sondern an den Erfordernissen der Gesamtrechtsordnung misst.

Mangels einer planwidrigen Regelungslücke scheidet eine entsprechende Anwendung des § 1362 auf die nichteheliche Lebensgemeinschaft aus.

c) Zu erwägen ist, ob § 1362 im Rahmen einer **„gesetzesübersteigenden Rechtsfortbildung"** auf nichteheliche Lebensgemeinschaften angewendet werden kann.

Angesichts des beschleunigten Wandels der gesellschaftlichen Verhältnisse und der begrenzten Reaktionsmöglichkeiten des Gesetzgebers gehört die Anpassung des geltenden Rechts an veränderte Umstände zu den Aufgaben der Dritten Gewalt, die im Bereich der Zivilrechtspflege nach § 543 Abs. 2 S. 1 Nr. 2 Fall 1 ZPO dem Bundesgerichtshof zugewiesen ist.

Unabweisbare Bedürfnisse des Rechtsverkehrs sind nicht erkennbar. Auch die Grundrechte erfordern es nicht, die Vermutung des § 1362 Abs. 1 S. 1 auf Gemeinschaften zu erstrecken, die nicht personenstandsrechtlich verfestigt sind.

d) Schließlich zwingt das **Gebot des effektiven Rechtsschutzes** (Art. 2 Abs. 1 GG i.V.m. dem Rechtsstaatsprinzip des Grundgesetzes) nicht zu einer Erstreckung der Vermutungswirkung des § 1362 auf nichteheliche Lebensgemeinschaften. Dem Gläubiger stehen im Interventionsprozess zur Verteidigung seines Verwertungsrechts die Beweismittel der Zivilprozessordnung zur Verfügung. Diese gewährleisten im Allgemeinen die Wirksamkeit des gerichtlichen Rechtsschutzes. Die erstrebten gesetzlichen Beweiserleichterungen können demgegenüber dazu führen, dass der Gläubiger seinen titulierten Zahlungsanspruch im Wege der Verwertung schuldnerfremden Eigentums verwirklicht. Der Gesetzgeber ist von Verfassungs wegen nicht verpflichtet, eine derartige Regelung einzuführen. An diese Wertung sind die Gerichte bei der Auslegung und Anwendung des § 1362 gebunden. Es kommt hinzu, dass die Gewährung der Beweislasterleichterung zulasten des Dritteigentümers dessen grundgesetzlich geschütztes Eigentum (Art. 14 Abs. 1 GG) berührt.

Somit kann § 1362 auch nicht im Rahmen einer „gesetzesübersteigenden Rechtsfortbildung" auf nichteheliche Lebensgemeinschaften angewendet werden.

Deshalb ist nach § 1006 Abs. 1 S. 1 zu vermuten, dass K und S Miteigentümer des Pkw sind. B ist es nicht gelungen, diese Vermutung zu widerlegen.

Ergebnis: Da die K auch nicht aus sonstigen Gründen die Zwangsvollstreckung dulden muss, ist die Drittwiderspruchsklage begründet und damit erfolgreich.

16. Teil: Die eingetragene Lebenspartnerschaft

Fall 30: Die Trennung der Lebenspartner

Egon (E) und Paul (P) haben im Jahre 2015 eine eingetragene Lebenspartnerschaft begründet. Anfang 2018 ist E für mehrere Wochen auf Montage in Frankreich. Er lernt dabei Kurt kennen und trennt sich von P, der nach wie vor in Regensburg lebt. P wendet sich im Juni 2019 an Rechtsanwalt R und bittet um Klärung folgender Fragen:

1. Er, P, habe während der Lebenspartnerschaft die Haushaltsführung übernommen, während Egon erwerbstätig war. Gelebt habe man daher von den Einkünften von Egon, die mit 4.000 € auch ausreichend waren. Er könne zurzeit keine Arbeit bekommen; er habe früher als Informatiker gearbeitet. Aufgrund seiner langen Auszeit von fünf Jahren komme er mit den heutigen Anforderungen nur schwer zurecht. Er könne daher nicht absehen, ob und wann er Arbeit finden werde. Kann P von E Unterhalt verlangen?

2. Mittlerweile sei die Trennung schon 13 Monate vollzogen. Er wolle daher Klarheit, d.h. die Auflösung der Lebenspartnerschaft. RA R soll deshalb untersuchen, mit welchem Verfahren die Auflösung der Lebenspartnerschaft umgesetzt werden kann und ob die materiellen Voraussetzungen dafür bereits vorliegen.

3. Schließlich möchte P wissen, ob er einen güterrechtlichen Ausgleich fordern kann. E habe durch seinen guten Verdienst während der Lebenspartnerschaft einen Vermögenszuwachs von 20.000 € erzielt, während er ohne Vermögen sei.

Die Fragen von P sind gutachtlich zu beantworten.

Vorbemerkung: Die „Ehe für alle" gilt seit dem 01.10.2017. Geändert wurde die Vorschrift des § 1353 BGB, d.h. die betreffende Vorschrift wurde um sieben Wörter ergänzt und lautet nunmehr: Die Ehe wird von zwei Personen verschiedenen oder gleichen Geschlechts auf Lebenszeit geschlossen. Durch das Gesetz zur Einführung des Rechts auf Eheschließung für Personen gleichen Geschlechts vom 20.07.2017 (BGBl. 2017 I S. 2787) können seit 01.10.2017 Lebenspartner auf Antrag ihre Lebenspartnerschaft in eine Ehe umwandeln (§ 20 a LPartG). Seit dem 01.10.2017 ist die Begründung neuer Lebenspartnerschaften nicht mehr erlaubt (Art. 3 Abs. 3 des Gesetzes vom 20.07.2017). Wenn die Lebenspartner aber davon absehen, ihre Partnerschaft in eine Ehe umzuwandeln, gilt für sie weiter das Recht der eingetragenen Lebenspartnerschaft. Das Lebenspartnerschaftsgesetz wird deshalb wohl noch lange bestehen, sodass die grundlegenden Probleme der Auflösung einer Lebenspartnerschaft bekannt sein müssen.

Frage 1: Anspruch des P gegen E auf Zahlung von Trennungsunterhalt

Der Anspruch könnte sich aus **§ 12 LPartG i.V.m. § 1361 Abs. 1** ergeben. Dann müssten die erforderlichen Voraussetzungen vorliegen.

I. Der **Unterhaltstatbestand** nach § 12 LPartG i.V.m. § 1361 Abs. 1 ist gegeben, denn die Beteiligten leben getrennt i.S.v. § 15 Abs. 5 LPartG.

II. Maßgeblich für die **Bedarfsbestimmung** sind nach § 12 LPartG die Lebensverhältnisse der Lebenspartner. E erzielt Einkünfte i.H.v. 4.000 €, während P bislang den Haushalt der Beteiligten führte und infolgedessen kein Einkommen hatte. Nach der Halbierungstheorie ergibt sich für P daher ein Bedarf von 4.000 €/2, d.h. 2.000 €.

III. Bedürftig ist, wer seinen Unterhalt nicht selbst verdienen kann. Natürlich besteht auch im Falle der Lebenspartnerschaft eine Erwerbsobliegenheit. Dieser versucht P auch nachzukommen; er kann jedoch trotz Bemühungen keinen Job bekommen. Danach ist von der Bedürftigkeit des P auszugehen.

Klausurtipp:
Auch hier gilt der **Grundsatz der Nichtidentität**. Mit gerichtlicher Auflösung der Lebenspartnerschaft kann daher nur noch Unterhalt nach § 16 LPartG i.V.m. §§ 1570 ff. verlangt werden.

IV. Die **Leistungsfähigkeit** des Unterhaltsschuldners, d.h. von E, ist unbedenklich gegeben.

Ergebnis: Damit kann P von E Unterhalt i.H.v. 2.000 € aus § 12 LPartG i.V.m. § 1361 verlangen.

Frage 2: Die Aufhebung der Lebenspartnerschaft

Das Verfahren auf Aufhebung einer Lebenspartnerschaft entspricht der einer Ehescheidung, vgl. §§ 269 Abs. 1 Nr. 1, 270 Abs. 1 FamFG.

A. Zulässigkeit des Antrags auf Auflösung der Lebenspartnerschaft

I. Das Amtsgericht – Familiengericht – Regensburg ist für die Aufhebung der Lebenspartnerschaft **zuständig**.

Dies ergibt sich in sachlicher Hinsicht aus § 23 a Abs. 1 S. 1. Nr. 1 GVG i.V.m. § 111 Nr. 11 FamFG sowie hinsichtlich der Abteilung für Familiensachen (Geschäftsverteilung) aus § 23 b Abs. 1 GVG. Die örtliche Zuständigkeit für die Auflösung der Lebenspartnerschaft ergibt sich aus §§ 270 Abs. 1, 122 Nr. 3 FamFG, da die Beteiligten im Bezirk des Amtsgerichtes Regensburg zuletzt ihren gemeinsamen gewöhnlichen Aufenthalt hatten, und die vorrangigen Gerichtsstände des §§ 270 Abs. 1, 122 FamFG nicht eingreifen.

II. Die Aufhebung der Lebenspartnerschaft setzt einen **Antrag entsprechend §§ 270 Abs. 1, 124, 133 FamFG** voraus.

III. Nach § 114 Abs. 1 FamFG besteht für die Antragstellung **Anwaltszwang**.

Ergebnis: Ein zulässiger Antrag auf Aufhebung der Lebenspartnerschaft kann gestellt werden.

B. Begründetheit des Antrags auf Auflösung der Lebenspartnerschaft

I. Die Lebenspartnerschaft wird gemäß **§ 15 Abs. 1 LPartG** auf Antrag eines oder beider Lebenspartner durch gerichtliches Urteil aufgehoben.

II. Das Gericht hebt die Lebenspartnerschaft nach **§ 15 Abs. 2 LPartG** auf, wenn

- beide Lebenspartner erklärt haben, die Lebenspartnerschaft nicht fortsetzen zu wollen bzw. der andere Lebenspartner der Aufhebung zustimmt und die Beteiligten seit einem Jahr getrennt leben
- oder nicht erwartet werden kann, dass eine partnerschaftliche Lebensgemeinschaft wieder hergestellt werden kann und die Beteiligten seit einem Jahr getrennt leben;

- ein Lebenspartner erklärt hat, die Lebenspartnerschaft nicht fortsetzen zu wollen, und die Beteiligten seit drei Jahren getrennt leben;
- die Fortsetzung der Lebenspartnerschaft für den Antragsteller aus Gründen, die in der Person des anderen Lebenspartners liegen, eine unzumutbare Härte wäre.

III. Die Voraussetzungen für eine Aufhebung der Lebenspartnerschaft nach **§ 15 Abs. 2 Nr. 1 b LPartG** sind gegeben.

- Die Lebensgemeinschaft der Parteien besteht nicht mehr, da diese seit dem erfolgten Auszug vor 13 Monaten von E aus der früheren gemeinsamen Wohnung getrennt i.S.d. § 15 Abs. 5 LPartG leben.
- Es bestehen auch keine realistischen Chancen für eine Wiederaufnahme der Lebenspartnerschaft. Der frühere Lebenspartner E lebt seit längerem in einer neuen und mittlerweile nunmehr auch gefestigten Beziehung.

Ergebnis: Somit kann für P ein Antrag auf Aufhebung der Lebenspartnerschaft beim zuständigen Amtsgericht – Familiengericht – Regensburg gestellt werden.

Frage 3: Zugewinnausgleich

Die Zugewinngemeinschaft ist der im Eherecht geltende gesetzliche Güterstand. Dieser gilt auch für die Lebenspartnerschaft, es sei denn, es ist durch Lebenspartnerschaftsvertrag nach § 7 LPartG etwas anderes vereinbart. Der Überschuss, den die Lebenspartner während der Dauer des Vermögensstandes erzielt haben, wird – wie beim Zugewinnausgleich unter Ehegatten – ausgeglichen. Dies ergibt sich aus der Verweisung des § 6 LPartG auf die §§ 1364–1390.

Bezugnehmend auf die Angaben von P ist von einem Zugewinn von Egon i.H.v. 20.000 € auszugehen, während P keinen Zugewinn erzielen konnte.

Damit ergibt sich ein Ausgleichsanspruch i.H.v. 20.000 €/2.

Ergebnis: P kann daher nach § 6 LPartG i.V.m. § 1378 Abs. 1 von E einen Betrag von 10.000 € fordern.

STICHWORTVERZEICHNIS

Die Zahlen verweisen auf die Seiten.